volume 3

Casa de Oração

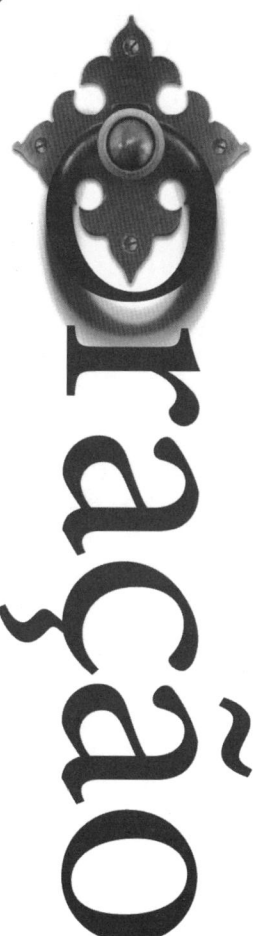

LANCE LAMBERT

volume 3

COMO REALIZAR A VONTADE DE DEUS NA ORAÇÃO

Casa de Oração

série contemporâneos

© 2012 Editora dos Clássicos
Publicado no Brasil com a devida autorização
e todos os direitos reservados por Publicações Pão Diário
em coedição com Editora dos Clássicos.

Traduzido do original em inglês:
My House Shall Be A House of Prayer, de Lance Lambert
Copyright © 2011 Christian Testimony Ministry
Richmond, Virginia (EUA)

Edição: Gerson Lima
Tradução: Helio Kirchheim
Revisão: Paulo César de Oliveira
Coordenação editorial: Gerson Lima
Diagramação: Editora Tribo da Ilha
Capa: Wesley Mendonça

Dados Internacionais de Catalogação na Publicação (CIP)

LAMBERT, Lance.
Casa de Oração – Volume 3: Como Realizar a Vontade de Deus na Oração
Tradução: Helio Kirchheim
Curitiba/PR, Publicações Pão Diário e São Paulo/SP, Editora dos Clássicos.

1. Oração   2. Deus (Cristianismo)   3. Vida cristã   4. Fé

Proibida a reprodução total ou parcial, sem prévia autorização, por escrito, da editora.
Todos os direitos reservados e protegidos pela Lei 9.610, de 19/02/1998.
Permissão para reprodução: permissao@paodiario.com

Publicações Pão Diário
Caixa Postal 4190,
82501-970 Curitiba/PR, Brasil
publicacoes@paodiario.org
www.publicacoespaodiario.com.br
Telefone: (41) 3257-4028

Editora dos Clássicos
www.editoradosclassicos.com.br
contato@editoradosclassicos.com.br
Telefones: (19) 3217-7089
(19) 3389-1368

Código: EZ478
ISBN: 978-65-5350-013-6

1.ª impressão: 2021

Impresso no Brasil

SUMÁRIO

Prefácio, 7

Capítulo 8
Como Realizar a Vontade de Deus na Oração, 11
Capítulo 9
Impedimentos à Oração, 55
Capítulo 10
O Mistério da Intercessão, 77

Os textos das referências bíblicas foram extraídos da versão Almeida Revista e Atualizada, 2ª edição (Sociedade Bíblica do Brasil), salvo quando houver outra indicação.

Quando não houver outra indicação, as notas de rodapé e os acréscimos entre colchetes são da edição brasileira.

PREFÁCIO AO VOLUME 3

O assunto deste volume é *como realizar a vontade de Deus na oração*. O experimentado servo do Senhor, Lance Lambert, nos ensina que é necessário haver oração executiva e que ela é o tipo de oração corporativa que faz a vontade de Deus se realizar.

Segundo ele, o Senhor Jesus nos deu uma oração--modelo, na qual expôs os princípios básicos da oração: "Pai nosso (...), venha o teu reino; faça-se a tua vontade, assim na terra como no céu (Mt 6.9-10). Ele não nos ensinou a fazer essa oração como se fosse um simples anelo: 'Tomara que o teu reino venha, e tomara que a tua vontade seja feita'. Pelo contrário, vemos autoridade nas Suas palavras: *venha o teu reino; faça-se a tua vontade, assim na terra como no céu*".

Assim, Lance nos exorta: "Será que a vontade do Senhor será feita *assim na terra como no céu* apenas no milênio ou no Dia Eterno do Senhor? (...) Com toda certeza, como Igreja de Deus (...), fomos designados para colocar agora em prática os programas de ação do Seu trono, prevalecer sobre os muitos problemas e situações que enfrentamos e pôr em ação a Sua vontade para nós nestes dias que antecedem o Seu retorno!".

E como encorajamento para os leitores, ele apresenta notáveis exemplos de ação executiva na Bíblia e maravilhosos acontecimentos na história da Igreja, como o surgimento dos ministérios de Bahkt Singh, na Índia, e de Watchman Nee, na China. Além disso, as intervenções de Deus no Oriente Médio e o exemplo do grupo de intercessão de 120 cristãos liderados por Rees Howells em Derwen Fawr, no sudoeste do País de Gales, que o Senhor usou para mudar o curso da Segunda Guerra Mundial e para restaurar o Estado de Israel, também são, de fato, demonstrações de como Deus trabalha quando Seus filhos respondem ao chamamento para o ministério da oração corporativa.

O prefácio da *Série Contemporâneos* e a pequena biografia de Lance Lambert encontram-se no volume 1.

Que ao estudarmos essas preciosas lições da escola da oração Seu Espírito nos edifique como Sua casa de oração para que toda a Sua vontade seja feita.

Gerson Lima
25 de fevereiro de 2021
Monte Mor, SP

CAPÍTULO **8**

COMO REALIZAR A VONTADE DE DEUS NA ORAÇÃO

Salmos 149.1, 6-9 — *Aleluia! Cantai ao* SENHOR *um novo cântico e o seu louvor, na assembleia dos santos... Nos seus lábios estejam os altos louvores de Deus, nas suas mãos, espada de dois gumes, para exercer vingança entre as nações e castigo sobre os povos; para meter os seus reis em cadeias e os seus nobres, em grilhões de ferro; para executar contra eles a sentença escrita, o que será honra para todos os seus santos. Aleluia!*
Salmos 118.10-17 — *Todas as nações me cercaram, mas em nome do* SENHOR *as destruí. Cercaram-me, cercaram-me de todos os lados; mas em nome do* SENHOR *as destruí. Como abelhas me cercaram, porém como fogo em espinhos foram queimadas; em nome do* SENHOR *as destruí. Empurraram-me*

violentamente para me fazer cair, porém o SENHOR me amparou. O SENHOR é a minha força e o meu cântico, porque ele me salvou. Nas tendas dos justos há voz de júbilo e de salvação; a destra do SENHOR faz proezas. A destra do SENHOR se eleva, a destra do SENHOR faz proezas. Não morrerei; antes, viverei e contarei as obras do SENHOR.
Mateus 16.18-19 – Também eu te digo que tu és Pedro, e sobre esta pedra edificarei a minha igreja, e as portas do inferno não prevalecerão contra ela. Dar-te-ei as chaves do reino dos céus; o que ligares na terra terá sido ligado nos céus; e o que desligares na terra terá sido desligado nos céus.
Mateus 18.18-20 – Em verdade vos digo que tudo o que ligardes na terra terá sido ligado nos céus, e tudo o que desligardes na terra terá sido desligado nos céus. Em verdade também vos digo que, se dois dentre vós, sobre a terra, concordarem a respeito de qualquer coisa que, porventura, pedirem, ser-lhes-á concedida por meu Pai, que está nos céus. Porque, onde estiverem dois ou três reunidos em meu nome, ali estou no meio deles.
Efésios 1.20-23a – ... o qual exerceu ele em Cristo, ressuscitando-o dentre os mortos e fazendo-o sentar à sua direita nos lugares celestiais, acima de todo principado, e potestade, e poder, e domínio, e de todo nome que se possa referir... E pôs todas as coisas debaixo dos pés, e para ser o cabeça sobre todas as coisas, o deu à igreja, a qual é o seu corpo...
Efésios 2.1, 6 – Mas Deus... juntamente com ele, nos ressuscitou, e nos fez assentar nos lugares celestiais em Cristo Jesus.

A ORAÇÃO EXECUTIVA E SEUS EFEITOS

O assunto deste capítulo é como realizar a vontade de Deus na oração. O que pretendemos dizer com oração executiva? Nosso amado irmão Watchman Nee chamou esse tipo de oração de "oração com autoridade". Com a expressão oração executiva descrevemos o tipo de oração corporativa que faz com que se realizem a vontade e o propósito de Deus. Ela é feita no lugar secreto de oração, e então o Senhor a manifesta publicamente.

A palavra *executivo* significa "uma pessoa ou corporação que tem poder de executar determinadas políticas". Pode ser uma corporação governamental ou uma organização comercial. A palavra *executar* significa "colocar em ação" ou "prestar atenção a uma política combinada" até executá-la. Um executivo é alguém com autoridade para concluir e finalizar uma tarefa previamente determinada por uma autoridade (grupo, corporação ou pessoa) mais elevada.

De maneira inacreditável, unicamente pela graça de Deus, nós que fomos salvos e nascemos do Espírito somos executivos do reino de Deus. Todos nós fomos feitos *reis e sacerdotes para Deus*. Recebemos autorização, em nome do Messias Jesus, que é o Cabeça da Igreja, de realizar o programa de ação do Seu reino e de pôr em prática os decretos do trono de Deus. O Messias Jesus nos fez a todos executivos no sentido de que nós não seguimos o nosso programa de ação ou nossa vontade, e sim a d'Ele. Na verdade, nós só podemos colocar em ação a vontade e o programa de ação do trono de Deus e do Cordeiro.

O Senhor Jesus nos deu uma oração-modelo, na qual Ele expôs os princípios básicos da oração: "Pai nosso, que estás nos céus, santificado seja o teu nome; venha o teu reino; faça-se a tua vontade, assim na terra como no céu" (Mt 6.9-10). Ele não nos ensinou a fazer essa oração como se fosse um simples anelo: "Tomara que o teu reino venha, e tomara que a tua vontade seja feita". Pelo contrário, vemos autoridade nas Suas palavras: *venha o teu reino; faça-se a tua vontade, assim na terra como no céu*.

Será que a vontade do Senhor será feita *assim na terra como no céu* apenas no milênio ou no Dia Eterno do Senhor? É verdade que o propósito do Senhor se cumprirá plena e universalmente apenas quando o Senhor Jesus retornar. Contudo, com toda certeza, como Igreja de Deus, como corpo de nosso Senhor Jesus, fomos designados para colocar agora em prática os programas de ação do Seu trono, prevalecer sobre os muitos problemas e situações que enfrentamos e pôr em ação a Sua vontade para nós nestes dias que antecedem o Seu retorno!

Encontramos muitos exemplos de ação executiva na Bíblia. Consideremos Moisés como ilustração. O Senhor deu ordem a ele dizendo: "E tu, levanta o teu bordão, estende a mão sobre o mar e divide-o" (Êx 14.16a). Note que o próprio Senhor disse a Moisés: "divide-o"! Isso é notável. É até engraçado quando você para e pensa no assunto! Moisés sabia muito bem que *ele* mesmo não conseguiria dividir o mar Vermelho.

Mas o ponto é que se Moisés tivesse recusado levantar seu bordão, estender a mão sobre o mar Vermelho e dizer a palavra de autoridade: "Divide-te", a situação teria permanecido inalterada e impossível; os filhos de Israel jamais teriam atravessado o mar a pé. O propósito de Deus era que Moisés falasse a palavra do Senhor para o mar! *Então o poder soberano de Deus entraria em ação.* Moisés tinha de expressar qual era o decreto de Deus. Enquanto não declaramos com nossos lábios o decreto do céu em qualquer assunto que enfrentamos, Deus não agirá! Isso é tão importante, que vou repetir: todo decreto que já foi estabelecido no céu precisa ser pronunciado na Terra por nossos lábios humanos antes que Deus o execute.

Outra ilustração foi a passagem do rio Jordão. O Senhor havia dito a eles que todo lugar que a planta dos seus pés pisasse seria deles. Foi-lhes ordenado que entrassem no rio Jordão e ficassem parados ali; e foi exatamente isso que eles fizeram. Quando molharam os pés, o rio parou e a água se ajuntou em uma grande represa rio acima até um local chamado Adã. Foi algo miraculoso. Ali estavam as águas, em um grande montão até a cidade de Adã, enquanto eles cruzavam o rio. Era a vontade do céu que o povo de Deus cruzasse o rio para entrar na terra prometida. Era como se o céu dissesse: "O Jordão está retido". Mas ele não se reteve até que os filhos de Deus puseram os pés no chão, no leito do rio, e disseram: "Está retido! Em nome do nosso Deus, o Jordão está retido". Então o céu disse: "Está certo; está feito!". E aconteceu como eles disseram!

O Senhor Jesus declarou isso de forma simples e clara quando disse que se quisermos entrar na casa do homem valente e despojá-lo dos seus bens, primeiro precisamos amarrá-lo (veja Marcos 3.27). Esse é o elo perdido em tantos problemas que enfrentamos na evangelização, na obra do Senhor e na edificação da Igreja. O "homem valente" continua firmemente no comando. Enquanto não nos dirigirmos aos bastidores do que está acontecendo e amarrarmos o homem valente, não conseguiremos tirar nada da sua casa. No momento em que ele é amarrado em nome do Senhor, você pode despojar a sua casa de todos os bens que ali se encontram.

NÓS FOMOS FEITOS REIS PARA DEUS

A ação executiva é assunto de realeza. Se fomos feitos "reis", significa que somos executivos que estão sob a autoridade do Rei dos reis. No último livro da Bíblia, o Apocalipse, em meio a guerra violenta, conflito e oposição à entronização de nosso Senhor Jesus, assim escreve o apóstolo João: "... e nos constituiu reino, sacerdotes para o seu Deus e Pai" (Ap 1.6a). E outra vez: "... e para o nosso Deus os constituíste reino e sacerdotes; e reinarão sobre a terra" (Ap 5.10). A palavra grega traduzida nesses dois versículos como "reino" em muitas outras versões é traduzida como "reis". Algumas diferenças de tradução se devem ao uso de diferentes textos originais. Contudo, o problema é que a palavra grega *basileia* não significa apenas "território ou domínio" sobre o qual alguém reina, mas também pode significar "realeza", "governo", "domínio" ou o exercício do "poder real" (de rei).

O irmão Theodore Austin-Sparks costumava dizer que essa palavra tem o seu sentido traduzido da melhor maneira como "realeza", "majestade". Deus nos fez reis para sermos sacerdotes para Ele. O apóstolo Paulo escreveu que Deus, "juntamente com ele, nos ressuscitou, e nos fez assentar nos lugares celestiais em Cristo Jesus" (Ef 2.6). Ficaremos sentados com Ele nos lugares celestiais, bem à vontade, bonitinhos, sem ver nada acontecendo, ou somos reis e sacerdotes com uma obra para executar?

Anteriormente, Paulo tinha escrito a respeito da sublime grandeza do Seu poder: "... o qual exerceu ele em Cristo, ressuscitando-o dentre os mortos e fazendo-o sentar à sua direita nos lugares celestiais, acima de todo principado, e potestade, e poder, e domínio, e de todo nome que se possa referir...". Então ele continua: "E pôs todas as coisas debaixo dos pés, e para ser o cabeça sobre todas as coisas, o deu à igreja, a qual é o seu corpo" (Ef 1.20-21a, 22-23a). O Deus da graça deu, àqueles que Ele mesmo redimiu, uma posição incrível de poder, sob a autoridade do Senhor Jesus. Eles têm a tarefa de colocar em ação os decretos e a vontade do trono de Deus! Eles foram feitos reis e executivos.

AÇÃO EXECUTIVA NA ORAÇÃO CORPORATIVA

Não é possível haver ação executiva sem que haja oração corporativa. É uma falácia pensar que a ação executiva possa ser posta em prática por uma pessoa apenas. Isso já levou muitos crentes a sério perigo. A ação executiva é assunto corporativo. É preciso que o corpo de nosso Senhor Jesus, em nome d'Ele, execute ações desse tipo. Quando algum crente põe em prática a ação executiva individualmente, ele fica sem cobertura e se torna presa fácil para os poderes das trevas.

Muitas vezes, mal começamos uma reunião de oração corporativa e algum cristão, muitas vezes uma irmã, tenta amarrar o diabo! Isso é um erro perigoso e geralmente não produz efeito nenhum em Satanás. Ele não está amarrado; na verdade, é bem possível que ele esteja se divertindo. No entanto, muitas vezes ele retruca – e nunca o faz de forma gentil! Amarrar e desamarrar é assunto corporativo, não individual.

O Senhor Jesus disse a Pedro: "Também eu te digo que tu és Pedro, e sobre esta pedra edificarei a minha igreja, e as portas do inferno não prevalecerão contra ela. Dar-te-ei as chaves do reino dos céus; o que ligares na terra terá sido ligado nos céus; e o que desligares na terra terá sido desligado nos céus (Mt 16.18-19). No capítulo cinco nós já chamamos a sua atenção a essa declaração de nosso Senhor Jesus. Mas ela é tão importante ao assunto que estamos considerando, que vale a pena tornar a mencioná-la.

Quando o Senhor Jesus disse: "Eu darei a você, Pedro, as chaves do reino dos céus", Ele estava na verdade falando com Pedro como representante de todo o corpo de Cristo. Em outras palavras, o Messias estava dando à Igreja, que Ele está edificando, autoridade para amarrar e para desamarrar. É muito importante entendermos que o gênero é neutro, neste caso; é "o que" e não "quem". Também é muito importante reconhecer que os verbos "amarrar" e "desamarrar" estão, no grego, no futuro do presente.

O Senhor Jesus não estava dando à Igreja autoridade e habilidade para desamarrar ou amarrar *conforme a Igreja acha certo e adequado*. Para entendermos melhor esse assunto vital, seria melhor traduzir assim: "Tudo aquilo que vocês amarrarem na terra *terá sido amarrado no céu*, e tudo aquilo que vocês desamarrarem na terra *terá sido desamarrado no céu*". Em outras palavras, nós só podemos amarrar aquilo que o céu já decretou que será amarrado e desamarrar aquilo que o céu já decretou que será desamarrado. Isso é realizar a vontade de Deus.

É interessante perceber que o Senhor Jesus disse: "Em verdade vos digo que tudo o que ligardes na terra terá sido ligado nos céus, e tudo o que desligardes na terra terá sido desligado nos céus. Em verdade também vos digo que, se dois dentre vós, sobre a terra, concordarem a respeito de qualquer coisa que, porventura, pedirem, ser-lhes-á concedida por meu Pai, que está nos céus. Porque, onde estiverem dois ou três reunidos em meu nome, ali estou no meio deles" (Mt 18.18-20). Temos aqui nestes verbos – ligar e desligar – o mesmo futuro do presente. Devemos reparar que o Senhor Jesus continuou e falou a respeito de Si mesmo como quem está no meio de dois ou três que se reúnem no Seu nome. A Sua presença no meio deles produz a harmonia que existe entre eles, a coordenação e a "concordância" que existe entre eles. Com toda certeza, isso tem conexão real e importante com o amarrar e o desamarrar. Não é possível que se produza ação executiva em nome do Senhor sem a concordância dos irmãos que estão na direção e liderança da reunião de oração corporativa. Outra vez reconhecemos que esse tipo de ação não é individual, mas corporativo.

AS CHAVES SIMBOLIZAM AUTORIDADE

Por toda a Bíblia as chaves simbolizam autoridade. O apóstolo João ouviu o Senhor declarando: "Não temas; eu sou o primeiro e o último e aquele que vive; estive morto, mas eis que estou vivo pelos séculos dos séculos e tenho *as chaves* da morte e do inferno" (Ap 1.17b-18). Ele também registrou a declaração do Senhor Jesus: "Estas coisas diz o santo, o verdadeiro, aquele que tem *a chave* de Davi, que abre, e ninguém fechará, e que fecha, e ninguém abrirá" (Ap 3.7b – ênfase acrescentada). O Senhor Jesus também disse a Pedro: "Dar-te-ei *as chaves* do reino dos céus; o que ligares na terra terá sido ligado nos céus; e o que desligares na terra terá sido desligado nos céus" (Mt 16.19). A pessoa que está de posse das chaves tem a autoridade para fechar e para abrir. Somente uma pessoa estúpida concede as chaves a alguém que ela não conhece; normalmente se dão as chaves a alguém em quem se confia. Fazendo assim, concede-se autoridade para aquela pessoa.

As chaves muitas vezes são pequenos pedaços de metal, cheios de recortes. Quando alguém está de posse das chaves, tudo fica à sua disposição. A pessoa abre a porta da frente sem pensar; ela pode até estar conversando com um amigo enquanto destranca a porta. A mesma coisa acontece com um carro; quando alguém destranca o carro, normalmente é uma operação muito simples. Isso acontece até mesmo com um cofre; pode haver ali uma grande quantia, mas a chave é bem pequena, e a abertura ou o fechamento do cofre não exigem esforço nenhum. Mas quando você perde as chaves, aquilo que normalmente é fácil e não é nada complicado torna-se um problema difícil e muitas vezes complexo e pode levar muitas horas para ser resolvido.

Meu ponto é o seguinte: muitos da Igreja perderam ou extraviaram as chaves do reino. Problemas que já foram coisas simples tornaram-se agora complexos, envolventes e imensamente difíceis. Situações que, em reuniões de oração corporativa, poderiam ter sido totalmente resolvidas por meio de ação executiva agora se tornaram um obstáculo permanente e insolúvel. A resposta e a solução para as situações e problemas que enfrentamos é o uso dessas chaves, que antes de tudo pertencem ao Senhor Jesus e que Ele confiou ao Seu corpo.

Se nós cremos que as palavras do apóstolo Paulo à igreja em Éfeso foram inspiradas pelo Espírito Santo, então entendemos que não estamos lutando contra carne e sangue, mas contra os principados, os poderes, os governadores deste mundo tenebroso, contra as hostes de espíritos malignos nos lugares celestiais. Não há nem como pensar que o Cabeça da Igreja, entronizado à direita de Deus, nos tenha enviado contra esses poderes espirituais sem cobertura e sem armas. Será que Ele nos entregou às perspicazes táticas e esquemas desses poderes das trevas para nos sairmos da melhor forma possível? É claro que não! Ele desarmou esses principados e poderes, destruiu-lhes as obras, reduziu a nada o seu poder, revestiu-nos com a armadura que precisamos e nos deu as armas necessárias. Além disso, Ele nos confiou as Suas chaves e nos concedeu a Sua autoridade!

Contudo, estar de posse das chaves do reino e não usá-las é de bem pouco valor! Devemos não apenas buscar o Senhor e sinceramente procurar entender a Sua vontade, e derramar nosso coração em intercessão, mas de vez em quando precisamos usar as chaves do reino. Parece que a obra de edificação de Cristo e a Sua declaração de que as forças do mal não prevaleceriam contra a Igreja estão relacionadas ao nosso uso das chaves do reino. Em outras palavras, o Senhor estava dizendo que se usarmos as chaves do reino dos céus, a obra de edificação vai ocorrer e nada que o inferno possa fazer conseguirá prevalecer contra a Igreja! Mas se não usarmos as chaves do reino dos céus, toda a operação de edificação ficará paralisada, e as forças das trevas e da morte haverão de prevalecer. Isso é confirmado na história da Igreja. Toda vez que houve grande atividade na edificação da Casa de Deus, descobrimos que havia homens e mulheres salvos que foram capazes de usar as chaves do reino. Cada reavivamento enviado por Deus, operado pelo Espírito Santo, foi acompanhado pela ação executiva da parte dos crentes.

A RAZÃO POR QUE O SENHOR EXIGE QUE USEMOS AS CHAVES DO REINO

Talvez nos perguntemos por que o Senhor exige que usemos as chaves do reino, uma vez que Ele é tanto soberano como todo-poderoso. Se Ele tem autoridade e poder supremos, e se tudo isso foi colocado nas mãos do Senhor Jesus, é claro que Ele pode executar o Seu propósito e a Sua vontade sem nossa ajuda. Na verdade, sem nós Ele faria tudo bem melhor! Deus, o Pai, e o Seu Messias Jesus são as Pessoas mais indicadas para fazer uso das chaves do reino. Eles não cometeriam nenhum erro nem deixariam que ocorresse nenhuma falha!

Parece que só há uma resposta para essa pergunta. Deus está nos treinando, educando-nos e disciplinando-nos para o Seu serviço. Esse serviço não é apenas terreno nem apenas para esta época, mas também para a eternidade. Quando usamos as chaves do reino para executar a vontade de Deus na oração corporativa, aprendemos lições para este tempo e para a eternidade. Também aprendemos a discernir a vontade de Deus e a obedecer a ela; aprendemos a depender da direção e da sabedoria de Deus; aprendemos a distinguir a voz do Senhor de todas as outras vozes, incluindo a voz da nossa própria alma. Na verdade, Deus está nos educando e nos treinando para nossa vocação eterna.

A AUTORIDADE DIVINA DELEGADA AOS CRENTES

Como já dissemos, as chaves representam a autoridade do Senhor Jesus, e essa autoridade foi delegada e confiada aos crentes. A autoridade que nos foi dada em nome de Jesus é outra maneira de expressar essa verdade vital. Em nome de Jesus nós devemos reunir-nos, agir e orar. Seu nome representa a autoridade que o Pai nos concedeu.

Quando uma mulher casa com um homem, ela recebe o nome dele, e o nome dele é a autoridade dela. Nós, que fomos salvos pela graça de Deus, fomos incluídos no Senhor Jesus e usamos Seu nome. Nós recebemos o mandamento de orar sempre nesse nome, tanto pessoal como corporativamente. Essa é a nossa autoridade. Da mesma forma, somos membros do corpo de nosso Senhor Jesus; Ele é o nosso Cabeça. Da mesma forma que o nome da cabeça de alguém é o mesmo nome do seu corpo, vivemos e fazemos tudo em nome do Senhor Jesus. A Palavra de Deus nos diz que se pedirmos ao Pai qualquer coisa em Seu nome, Ele no-la dará.

Com respeito à nossa reunião em nome de Jesus para adoração, para comunhão ou para oração, ninguém terá nenhum problema. O que traz dificuldade a alguns é a questão de se temos, em Seu nome, autoridade para executar a Sua vontade. Todavia, há milhares de assuntos em que a vontade d'Ele precisa ser feita. É a falta de autoridade executiva em ação que faz com que fiquem insolúveis obstáculos, problemas e fortalezas satânicas, sem serem removidos, permanecendo intransponíveis.

Se compreendêssemos a orientação bíblica que estamos destacando neste livro, ficaria claro que somos chamados para agir em nome do Senhor. Esse chamado é tanto para a Igreja como para os obreiros na obra do Evangelho, os que estão na obra do Senhor. Precisamos usar as chaves do reino dos céus confiadas a nós em nome d'Ele, tanto para trancar como para destrancar, para amarrar e para desamarrar, para ligar e para desligar.

EVITADA UMA CATÁSTROFE NUCLEAR NO ORIENTE MÉDIO

No Oriente Médio, na Guerra do Yom Kipur de 1973, vários crentes que moravam em Jerusalém se reuniram para orar. A guerra chegara a um ponto em que

Israel estava vencendo. Não tinha sido assim no princípio. Três mil jovens morreram para defender Israel. Agora a maré estava mudando, mas com isso surgiu um grande perigo. A União Soviética dava firme suporte tanto para a Síria como para o Egito. Ela equipara os exércitos desses países com armas e tinha treinado seus soldados e aviadores. Eles eram os seus protegidos.

Um dos membros do nosso grupo tinha sido criado na família real holandesa. A certa altura, o embaixador holandês em Israel pediu para vê-lo. Ele trazia uma mensagem da rainha da Holanda sobre informações preocupantes que tinham chegado ao seu conhecimento. A União Soviética estava planejando usar uma arma nuclear contra Tel Aviv, pretendiam dispará-la de Alexandria, no Egito. Alguns navios de guerra soviéticos já tinham cruzado o mar Negro e a parte oriental do Mediterrâneo, e o equipamento para disparar o dispositivo e a própria arma nuclear já estavam posicionados. Os soldados que manejavam esse equipamento eram homens soviéticos disfarçados com uniformes egípcios. A estratégia era esta: antes que Israel avançasse mais, o dispositivo seria atirado contra Tel Aviv; e quando o dano tivesse sido causado, poderiam ser convocadas as potências mundiais para uma conferência que gerisse o problema do Oriente Médio. O dano causado a Israel teria sido imenso; muitos milhares de israelitas teriam sido mortos, e a maior parte de Tel Aviv teria sido destruída. É claro que a conferência de paz não seria favorável a Israel.

Essas notícias surpreenderam nosso grupo de oração. Havia dois ou três membros do grupo que tinham estado com Rees Howells durante os anos da Segunda Guerra Mundial; também estavam ali o coronel Orde Dobbie e sua esposa Flo Dobbie; Jan Willem van der Hoeven e sua esposa árabe, Widad van der Hoeven; Elizabeth, baronesa van Hemstra, dama da rainha holandesa; e vários outros.

Uma das irmãs que estivera com Rees Howells tinha acordado de repente, na noite anterior, com palavras que ela cria terem vindo do Senhor: "Gladys, levante-se e ore; o Meu adversário está tentando provocar o Armagedom antes do tempo apropriado". Depois que recebemos as notícias sobre o plano soviético, Gladys Roberts nos contou a experiência que tivera. De maneira interessante, o Senhor também havia acordado Samuel Howells, filho de Rees Howells, em Derwen Fawr, no País de Gales, milhares de quilômetros longe dali, com a mesma mensagem que Ele tinha dado a Gladys. A princípio, perguntamo-nos se essas notícias que recebemos não eram simples boato. Agora estávamos convencidos de que tinham vindo da parte do Senhor.

Passamos a orar imediatamente e a buscar o Senhor com sincero clamor e súplicas. Depois de um tempo, veio de repente ao meu coração um versículo das Escrituras, da parte do Senhor: "Nada há oculto, que não haja de manifestar-se, nem escondido, que não venha a ser conhecido e revelado" (Lc 8.17). Compartilhei o versículo com o grupo, e começamos a pedir que o Senhor tornasse conhecida ao mundo ocidental essa estratégia secreta e perversa. Oramos por algumas horas sobre o assunto, pois estávamos convencidos de que havia um plano em ação para derrotar Israel.

Naquela noite, chegou um irmão e disse: "Vocês ouviram as últimas notícias? O presidente Nixon convocou um alerta militar grau um para todos os exércitos americanos". Aparentemente, o serviço de inteligência americano tinha descoberto o fato de que os batalhões das tropas soviéticas estavam prontos para voar do sul da União Soviética para o Oriente Médio e estavam levando consigo máscaras e uniformes para uso em locais de explosão nuclear. Quase imediatamente, os russos carregaram novamente os seus dispositivos nucleares e o outro equipamento para os seus navios de guerra e rumaram de volta pelo Mediterrâneo oriental em direção à Crimeia. Evitara-se uma catástrofe nuclear no Oriente Médio. Isso ilustra o tipo de autoridade e poder que Deus colocou nas mãos dos Seus filhos.

AS PORTAS DO INFERNO

É altamente significativo que o Senhor tenha falado das portas do inferno quando disse: "Também eu te digo que tu és Pedro, e sobre esta pedra edificarei a minha igreja, e as portas do inferno não prevalecerão contra ela.

Dar-te-ei as chaves do reino dos céus; o que ligares na terra terá sido ligado nos céus; e o que desligares na terra terá sido desligado nos céus" (Mt 16.18-19). A meu ver, a tentativa de tornar essa declaração mais clara para os que são da nova geração tem sido um grande erro. Traduzir "as portas do inferno" como "os poderes das trevas" ou "as forças do mal" ou "as portas da morte" não transmite o verdadeiro sentido das palavras do Senhor Jesus.

Literalmente, é claro, a tradução é "as portas do Hades", mas o que significa isso para a maioria das pessoas? É verdade que o Hades é o lugar de reunião dos mortos que não foram salvos, por isso poderia ser descrito como as portas da morte, das trevas e do mal. Contudo, a tradução mais tradicional – "as portas do inferno" – está bem mais perto da verdadeira ideia que o Senhor Jesus estava tentando transmitir. A palavra inferno descreve apropriadamente toda a hierarquia satânica. Ele transmite a ideia não apenas de morte, mas do poder e de toda a malha que está por trás da morte. A expressão "as portas do local de reunião dos mortos que não foram salvos" não nos causa calafrios na espinha nem transmite a ameaça poderosa e dinâmica da estratégia satânica, mas o termo "inferno" faz tudo isso!

Não há dúvida nenhuma de que Satanás e os poderes das trevas sempre usam como suas armas tanto a morte como o medo da morte. O Senhor Jesus disse que as portas do inferno procurariam prevalecer contra a edificação da Sua Igreja. Ele declarou dogmaticamente que elas *não* prevalecerão contra a Sua obra de edificação. O testemunho da história da Igreja é uma comprovação desse fato. Toda vez que parecia que as portas do inferno estavam quase prevalecendo, o Senhor Jesus, pelo Espírito Santo, começou nova iniciativa, e a Sua obra de edificação continuou sendo executada.

No entanto, há outra maneira de considerar essa mesma verdade que o Senhor Jesus estava tentando revelar-nos. Temos a tendência de pensar, corretamente, que as portas do inferno não podem prevalecer contra a edificação da obra do Senhor Jesus, mas pensamos apenas numa estratégia *ofensiva*. As hostes satânicas estão procurando interromper a obra edificadora do Senhor Jesus e destruí-la. Por outro lado, existe a estratégia *defensiva* das portas do inferno. Onde é que o Senhor encontra as pedras vivas para a edificação da Sua casa? Elas estão do outro lado das portas do inferno, no domínio das trevas, no cativeiro. "Ele nos libertou do império das trevas e nos transportou para o reino do Filho do seu amor" (Cl 1.13). Há ocasiões em que a obra de edificação do Senhor Jesus atravessa as portas do inferno e liberta os cativos. Isso tem acontecido muitas vezes na história da Igreja, em grandes avivamentos em que milhões de pessoas têm se chegado ao Senhor.

Assim, temos duas ideias opostas nessa declaração — a estratégia *ofensiva* das portas do inferno sendo frustrada; e a estratégia *defensiva* dessas mesmas portas sendo destruída! Quando a expressão "as portas do inferno" é traduzida como "os poderes das trevas" ou "as forças do mal" e não como *as portas*, acabamos perdendo um aspecto vital da verdade. É que as portas podem ser trancadas e destrancadas! Há ocasiões em que precisamos, na oração corporativa, orar para que as portas do inferno sejam destrancadas para permitir que os cativos saiam. Há outros momentos em que precisamos, em oração, trancar as portas para que os poderes do mal não possam cumprir seu propósito de impedir a edificação da obra do Senhor Jesus.

AS PORTAS SIMBOLIZAM PODER

As portas são extremamente importantes na Palavra de Deus. Toda localidade ou cidade tinha muros que a rodeavam e portas para protegê-la. Essas portas eram trancadas perto do pôr do sol e destrancadas ao nascer do sol. Elas simbolizam o poder defensor. Elas eram estratégicas porque eram a única forma de entrar e sair da cidade. Não haveria utilidade para as grandes fortificações e muros se as portas não pudessem ser trancadas e permanecer trancadas contra os inimigos.

Eu me lembro do meu tio-avô, que viveu quase a vida inteira em Pequim, me contando sobre sair para jogar golfe em um clube num campo fora da cidade. Enquanto ele estava fora, um velho comandante militar veio contra o comandante que estava no comando em Pequim, e eles tiveram uma tremenda briga. Isso era completamente normal! Assim, o comandante da cidade fechou as portas, e por três meses não entrava nem saía ninguém da cidade. Meu tio-avô se estabeleceu no clube de golfe por três meses, mas como era um clube muito bem arrumado, ele até gostou da experiência. Você pode imaginar algo assim? Um comandante diz: "Fechem as portas", as portas são fechadas, e acabou o assunto.

As portas simbolizam poder. As portas do inferno representam, então, as poderosas estratégias da hierarquia satânica – os principados, os poderes, os dominadores deste mundo tenebroso e as forças espirituais do mal nas regiões celestiais. Na oração corporativa, quando sentimos que já alcançamos o ponto da ação executiva, precisamos destrancar essas portas, ou então trancá-las, conforme o caso exigir.

AS PORTAS SIMBOLIZAM CONSELHO

Lemos, na Palavra de Deus, a respeito dos anciãos sentados junto às portas. O leitor desatento pensará que isso é um costume do Oriente Médio, e nós perdoamos a sua ignorância do assunto. Esses anciãos aparentemente não fazem nada a não ser jogar gamão ou fumar o seu narguilé, enquanto os pobres escravos, e especialmente as mulheres, fazem todo o trabalho. Esse, porém, não é o sentido bíblico do assunto. Os anciãos sentavam-se junto às portas e constituíam a corte judicial da cidade. Qualquer pessoa que tivesse alguma queixa ou algum problema podia ir até as portas e buscar o conselho e a opinião dos anciãos e obter decisão judicial para o seu caso. Quando os anciãos se sentavam junto às portas, eles estavam agindo como juízes.

Dessa forma, as portas simbolizam conselho. As portas do inferno simbolizam o conselho, a vontade e a estratégia dos poderes das trevas. Na oração corporativa é essencial, quando sentirmos que o Senhor nos conduziu ao ponto de podermos empregar ação executiva, que o façamos logo. O conselho do inferno, a sua vontade e a sua estratégia precisam ser trancados em nome do Senhor Jesus. A realidade é que, por meio da obra consumada de nosso Senhor Jesus, foram desarmados o conselho e a vontade do inferno; seu poder foi reduzido a nada e as suas obras foram destruídas. Esse fato precisa ser proclamado, e é a maneira pela qual usamos as chaves na ação executiva.

O USO DAS CHAVES

O que queremos dizer com *usar* as chaves? Isso é extremamente importante. Pode-se estar de posse das chaves e não fazer uso delas. Isso significa que alguém não pode destrancar a porta da frente quando chega e não consegue trancá-la quando sai; não consegue usar o carro porque não usa as chaves que possui! Talvez tenhamos as chaves, mas não as usamos. Isso significa que não é possível haver nada normal em nosso viver. É exatamente isso que acontece em muitas igrejas nas nações ocidentais. A vida e a função da Igreja não são normais; elas são seriamente defeituosas, e em muitos casos nem existem. Encontramos muita ajuda nas ilustrações do Antigo Testamento. Por exemplo, lemos o testemunho do salmista: "Todas as nações me cercaram, mas em nome do SENHOR as destruí. Cercaram-me, cercaram-me de todos os lados; mas em nome do SENHOR as destruí. Como abelhas me cercaram, porém como fogo em espinhos foram queimadas; em nome do SENHOR as destruí. Empurraram-me violentamente para me fazer cair, porém o SENHOR me amparou. O SENHOR é a minha força e o meu cântico, porque ele me salvou. Nas tendas dos justos há voz de júbilo e de salvação; a destra do SENHOR faz proezas. A destra do SENHOR se eleva, a destra do SENHOR faz proezas. Não morrerei; antes, viverei e contarei as obras do SENHOR" (Sl 118.10-17). O salmista estava falando de uma situação que ele e o povo de Deus estavam enfrentando. Ele fala das nações cercando-o como enxame de abelhas. Essas nações eram os inimigos do propósito de Deus e queriam destruir a Sua obra. Um enxame de abelhas não é um problema pequeno! Ele, então, deu voz a sua fé. Três vezes ele declara: *em nome do SENHOR as destruí*. Isso é realizar a vontade de Deus pela fé, usando as chaves que Deus nos deu!

O salmista está em plena guerra; em oração, ele expressa a vontade de Deus. Os inimigos de Deus não estão aceitando a sua contestação: "Empurraram-me violentamente para me fazer cair, porém o SENHOR me amparou. O SENHOR é a minha força e o meu cântico, porque ele me salvou". Então ele declara três vezes: "A destra do SENHOR faz proezas. A destra do SENHOR se eleva, a destra do SENHOR faz proezas". As três declarações do salmista são equiparadas a três declarações do céu em ação! É digno de nota que temos aqui neste salmo uma clara ilustração da execução da vontade de Deus. O salmista declarou três vezes o que o povo de Deus estava enfrentando: *em nome do SENHOR as destruí*. É então que o Senhor age. Note que é a mão direita do Senhor que é exaltada e faz proezas.

É o Senhor Jesus que está exaltado e entronizado à mão direita de Deus. Quando nós, como povo de Deus, chegamos ao entendimento da vontade de Deus na oração corporativa, podemos expressá-la pela fé. Estamos usando as chaves que Deus nos confiou. Então todo o poder de Deus e a Sua graça se manifestam em qualquer situação em que nos encontrarmos. O Senhor dos exércitos, o Comandante dos exércitos do céu está conosco, e o Deus de Jacó é nosso refúgio (veja o salmo 46).

Para nosso entendimento, temos maior auxílio da parte do salmista no salmo 149: "Aleluia! Cantai ao SENHOR um novo cântico e o seu louvor, na assembleia dos santos. (...) Nos seus lábios estejam os altos louvores de Deus, nas suas mãos, espada de dois gumes, para exercer vingança entre as nações e castigo sobre os povos; para meter os seus reis em cadeias e os seus nobres, em grilhões de ferro; para executar contra eles a sentença escrita" (vv. 1, 6-9). Note a seguinte declaração: *para executar contra eles a sentença escrita*. Em outras palavras, nós só podemos executar aquilo que é a vontade de Deus. Todas as nações e todos os povos – os seus reis e nobres – são descritos como inimigos de Deus e do Seu povo.

O apóstolo Paulo define esses inimigos quando escreve assim: *os principados, os poderes, os dominadores deste mundo tenebroso, as forças espirituais do mal, nas regiões celestes*. A única maneira que podemos enfrentar essas forças espirituais é com a armadura que Deus providenciou. Temos de aprender a nos revestir dessa armadura, para resistirmos no dia mau e, depois de termos feito tudo, permanecer inabaláveis; precisamos aprender a usar a espada do Espírito, que é a Palavra de Deus.

Precisamos conhecer a vontade de Deus com respeito aos inimigos espirituais que se opõem a nós, e precisamos expressar a Sua vontade com nossa boca em oração. O salmista escreve sobre os altos louvores a Deus em sua boca e sobre uma espada de dois gumes na sua mão. Essa é uma combinação extraordinária. Essa combinação é a expressão da adoração e do louvor com nossa boca – essa é uma expressão de fé absoluta e confiança na vontade de Deus. Então temos na mão a Palavra de Deus, que é a espada do Espírito, revelando essa vontade. Essa é a maneira pela qual usamos as chaves!

OS QUATRO ASPECTOS DO USO DAS CHAVES

O uso das chaves que Deus nos confiou possui os seguintes aspectos:

A declaração da vontade de Deus

O primeiro aspecto é declarar a vontade de Deus. Uma vez que sabemos qual é a Sua vontade, por meio do Espírito de Deus, a respeito de qualquer situação ou problema que estejamos enfrentando, precisamos expressá-la por meio de palavras. Por exemplo, quando chegamos todos a uma conclusão clara de que Deus resolverá um problema ou removerá um obstáculo, ou cuidará de determinada situação, precisamos declarar em voz alta essa conclusão. Isso é usar as chaves! Dessa forma, destrancaremos ou trancaremos um assunto, conforme o caso. Assim, amarraremos aquilo que o céu já decretou que deve ser amarrado ou desamarraremos aquilo que o céu já decretou que deve ser desamarrado.

Um exemplo de alguém que declarou a vontade de Deus

No livro *Behind the Ranges*[1], biografia do missionário James O. Fraser, encontramos uma ilustração maravilhosa

---

[1] *Atrás das montanhas* (N. do T.).

da declaração da vontade de Deus. Depois de estar na China por muitos anos, ele finalmente conseguiu chegar aos lisus, povo que habita o sudoeste da China, uma tribo de religião animista. Eles adoravam os espíritos, e muitos deles eram possuídos por demônios. Fraser, desde o início da sua vida missionária, sentiu-se chamado para trabalhar com o povo lisu. Ele era o único cristão em toda aquela área, em um raio de muitas centenas de quilômetros. Ele tentou, sem sucesso, fazer tudo o que podia para levar o Evangelho a esse povo. Por fim, ele mesmo sentia-se incapaz até de orar. Ele disse que era como se uma mão de ferro literalmente estivesse ao redor do seu pescoço, tornando impossível expressar qualquer coisa em oração. Isso aconteceu por muito tempo, e ele escreveu para casa, para os grupos de oração que o apoiavam: "Por favor, orem por mim; eu não estou conseguindo nem ao menos orar. Os poderes das trevas aqui são tremendamente poderosos". Naquele tempo, as cartas da China demoravam meses para chegar até a Inglaterra.

Certo dia, enquanto lia a Palavra de Deus, ele leu no salmo 47: "... celebrai a Deus com vozes de júbilo. Pois o SENHOR Altíssimo é tremendo, é o grande rei de toda a terra. Ele nos submeteu os povos e pôs sob os nossos pés as nações... Deus reina sobre as nações... ele se exaltou gloriosamente (vv. 1b, 2b, 3, 8a, 9b). O Senhor falou ao coração dele e disse: "Cante a Deus com voz de triunfo". Fraser decidiu expressar sua fé e obediência escalando o pico mais alto da terra dos lisus. Quando chegou ao topo do monte, ele se voltou para o sul e gritou: "Jesus Cristo é o Senhor da terra dos lisus". Depois, voltando-se para o norte, gritou a mesma coisa, e o fez também voltado para o leste e para o oeste. Quando desceu da montanha, descobriu que o poder do inimigo tinha sido quebrado e ele conseguia novamente orar sem nenhuma resistência pela primeira vez em vários meses.

Nem toda a oração no mundo inteiro conseguiu fazer aquilo! O que fez a diferença foi que Fraser executou a vontade de Deus. Ele declarou os fatos. Ele expressou a verdade que Deus reinava sobre a terra dos lisus; que o Senhor Jesus era o Senhor sobre o povo lisu. Naquele momento, ele usou as chaves, e os poderes das trevas da terra dos lisus foram trancados, e o poder do Espírito Santo foi liberado. Os cativos de Satanás foram desamarrados, e as portas do inferno não puderam prevalecer contra eles. Essas portas não puderam impedir o Senhor Jesus de resgatar muitos novos membros do corpo de Cristo.

Dentro de algumas semanas, a primeira família lisu voltou-se ao Senhor Jesus; e depois outra família, e outra, e muitas famílias mais. Na história da obra de Deus na China não há nenhuma que seja mais gloriosa do que a obra de Deus entre o povo lisu.

Na década de 1980, depois de todo o sofrimento do povo lisu e daqueles que deram a própria vida para levar o Evangelho a eles, inclusive James O. Fraser, foi publicada a tradução completa da Bíblia na língua lisu.

Tudo isso foi resultado de ação executiva em oração. Se James O. Fraser não tivesse escalado aquela montanha e não tivesse declarado a verdade, jamais teria ocorrido a remoção daquela barreira. O que ele declarou? Que Deus reinava sobre a terra dos lisus; que Jesus, o Messias, era Senhor sobre o povo lisu; que era a vontade de Deus que fosse quebrado o cativeiro do povo e multidões do povo lisu experimentassem a graça salvadora e o poder de Cristo. Todas as circunstâncias estavam contra ele, e toda a evidência parecia contrária à Palavra de Deus; mas Fraser declarou o fato, a verdade, e a partir daquele momento tudo começou a acontecer. Precisamos aprender a declarar a verdade de Deus, a declarar a vontade de Deus, e os fatos que nos são revelados pelo Espírito Santo. Esse é o primeiro aspecto do uso das chaves.

Apodere-se da situação em nome do Senhor

O segundo aspecto do uso das chaves é apoderar-se da situação em nome do Senhor. Tome posse da situação para o Senhor e para o Seu propósito. Isso pode exigir que amarremos e desamarremos, mas precisamos desimpedir o terreno de mentiras, de demônios, de espíritos e de tudo que é contrário à vontade de Deus. Muitas vezes, aquilo que outrora foi uma obra genuína de Deus acabou se deteriorando em atividade da carne. Os costumes, a filosofia e a sabedoria do mundo acabaram se infiltrando nessa obra. Aquilo que era um corpo orgânico tornou-se agora um mero sistema organizado. Quaisquer que sejam os problemas ou circunstâncias que enfrentamos, precisamos apoderar-nos dessa situação para o Senhor; precisamos tomar posse para que se realize nela a vontade de Deus. Então o poder de Deus e a graça de Deus desimpedirão o terreno e abrirão caminho para o Senhor agir.

O louvor e a adoração ao Senhor

O terceiro aspecto do uso das chaves é aprender a adorar e a louvar ao Senhor. Muitas vezes, esse aspecto é negligenciado, mas executar a vontade de Deus em qualquer circunstância que enfrentamos envolve a adoração do Senhor. O salmista coloca isso de maneira maravilhosa quando fala dos *altos louvores a Deus em nossa boca e uma espada de dois gumes em nossa mão*. Em outras palavras, usar a espada do Espírito envolve louvor e adoração.

Quando usamos as chaves, não estamos apenas declarando a vontade de Deus e os fatos que o Espírito Santo nos revelou a respeito de qualquer circunstância ou problema; nós não apenas nos apossamos da situação em Seu nome e tomamos posse dela para o Senhor, mas também começamos a adorar o Senhor e a louvá-lO pela vitória, como se o assunto todo já estivesse resolvido. Na verdade, isso já está decretado no céu, mas esse decreto precisa ser posto em prática aqui na Terra.

Temos um maravilhoso exemplo disso no caso do rei Josafá, conforme registrado em 2 Crônicas 20.

A certa altura do seu reinado, Jerusalém foi cercada por uma grande e perversa confederação de tribos e nações inimigas. Tudo parecia completamente sem esperança para o povo de Deus que estava dentro da cidade. O rei Josafá entrou na casa do Senhor e apresentou a Ele a situação impossível que a nação de Israel estava enfrentando. Depois, o povo de Deus reuniu-se e buscou ao Senhor. O Senhor lhes falou por meio de um profeta; era uma manifestação do Espírito. O profeta disse o seguinte: "Dai ouvidos, todo o Judá e vós, moradores de Jerusalém, e tu, ó rei Josafá, ao que vos diz o SENHOR. Não temais, nem vos assusteis por causa desta grande multidão, pois a peleja não é vossa, mas de Deus. Neste encontro, não tereis de pelejar; tomai posição, ficai parados e vede o salvamento que o SENHOR vos dará, ó Judá e Jerusalém. Não temais, nem vos assusteis; amanhã, saí-lhes ao encontro' (veja os versos 15-17).

Como o rei Josafá, por fim, usou as chaves? Como se cumpriu a vontade de Deus? Eles tinham recebido a revelação de que naquela batalha não precisariam lutar, mas teriam de tomar posição, ficar parados e ver a salvação do Senhor. Bem cedo, na manhã seguinte, Josafá reuniu-se com os outros líderes. A questão era como expressariam a sua inteira confiança no Senhor, e expressá-la da maneira mais concreta possível. Eles decidiram colocar o coral de levitas do templo na frente do exército deles! Os levitas não cantariam nenhum grande hino militar sobre a destruição dos seus inimigos ou a ruína da confederação deles, mas cantariam louvores ao Senhor: "Porque a misericórdia do Senhor dura para sempre". Era como um piquenique da Escola Bíblica Dominical. Uma ala do coral cantou assim: "Porque a misericórdia, o constante amor do Senhor duram para sempre"; depois, a outra ala cantou: "Porque a misericórdia, o constante amor do Senhor duram para sempre". Quando começaram a cantar, os soldados da confederação inimiga começaram a matar uns aos outros. Essa foi a maneira que o povo de Deus usou as chaves! Quando finalmente o coral acabou de cantar, não havia um só sobrevivente entre os inimigos. Os israelitas demoraram três dias inteiros para recolher os despojos e trazê-los até Jerusalém. Foi um triunfo miraculoso.

Muito frequentemente, quando formos levados a uma posição de fé, precisamos louvar e adorar ao Senhor. É dessa forma que trancamos ou destrancamos a situação. Isso é executar na prática a vontade de Deus.

A fé precisa ser expressa em ação prática

O quarto aspecto é este: a fé nunca é verdadeira e viva se não se expressa de forma concreta. Por exemplo, Raabe colocou um cordão vermelho na janela de sua casa. Essa foi a maneira de ela expressar de forma concreta a sua fé na promessa de que a sua casa, que estava sobre o muro, não seria destruída quando os muros de Jericó viessem abaixo. Na verdade, aquela foi a única parte do muro que não foi destruída. Abraão ofereceu Isaque como sacrifício vivo, e isso foi a expressão concreta da sua fé em Deus, que Ele até mesmo ressuscitaria Isaque de entre os mortos. Noé preparou uma arca centenas de quilômetros longe do mar. Isso foi uma expressão concreta da sua fé na Palavra de Deus. Esses são apenas alguns exemplos entre os muitos que poderíamos mencionar.

Quando usamos as chaves, muitas vezes temos de agir de forma concreta. Por exemplo, se estamos buscando a cura de determinada pessoa, e o Senhor revelou que vai curá-la, devemos ir a essa pessoa e, em nome do Senhor, impor as mãos sobre ela. De fato, sempre que o Senhor nos mostra que pretende responder às nossas orações, precisamos expressar nossa confiança n'Ele de forma tangível e prática.

O MIRACULOSO SUPRIMENTO DE UMA NECESSIDADE FINANCEIRA

Em certa ocasião, na Halford House, o construtor Bill Richards entrou em minha sala de estudos e perguntou: "O dinheiro já chegou?". Quando ele começou a trabalhar para nós, eu lhe disse que éramos um grupo de jovens que criam em Deus e confiávamos n'Ele para suprir todas as coisas. Eu disse a ele: "Não temos dinheiro nenhum, mas se você fizer o trabalho de forma adequada, pediremos o dinheiro ao Senhor, e Ele vai providenciá-lo. Se você concorda com isso, significa que Deus está contratando você". E ele respondeu: "É claro!". Anos mais tarde, Bill me disse o seguinte: "Eu nunca acreditei em nada do que você disse; eu pensei que esse era o jeito de falar dos cristãos. Eles tinham o dinheiro no banco, e quando precisavam pagar o construtor ou algum outro empregado, diziam: 'O Senhor proveu', e tiravam o dinheiro do banco". Quando conversamos pela primeira vez, ele me disse: "Eu sou ateu, não creio em Deus; mas respeito aqueles que creem".

Nós já havíamos pago a ele muitas vezes e vários valores pelo trabalho que fizera durante alguns anos, e ele costumava usar a nossa linguagem cristã. Por essa razão é que ele me perguntou: "O dinheiro já chegou?". Eu respondi: "Não, ainda não; você já terminou o serviço todo? Talvez ainda falte um parafuso aqui, um prego ali". "Ah", ele disse, "vou verificar, mas acho que já terminei tudo". "Para quando você precisa do dinheiro?", perguntei. Ele respondeu: "Por volta das duas horas, assim terei tempo de ir ao banco até as três". Então disse para mim mesmo: "Se você já terminou tudo o que tinha para fazer, o Senhor proverá o dinheiro por volta das duas horas". Bill saiu muito alegre, porque ele pensou que eu tivesse me esquecido de ir ao banco para pegar o dinheiro dele.

Falei com Margaret, que tomava conta da casa: "Nós não temos esse dinheiro e já recebemos a segunda remessa dos correios, mas até agora só vieram contas para pagar! Vamos almoçar mais cedo, e depois pedir a todos da casa e os que trabalham no jardim que se juntem para orarmos na biblioteca". Almoçamos, e éramos treze pessoas ajoelhadas em oração na biblioteca. Bill entrou pela porta dos fundos e procurou na cozinha, mas não havia ninguém ali. Ele atravessou a sala central no térreo e deu uma olhada em minha sala de estudo, mas também não havia ninguém.

Então ele pensou ter ouvido vozes no piso superior e percebeu que estávamos na biblioteca. Ele passou pela porta da frente, subiu as escadas e vagarosamente abriu a porta da biblioteca. Ali ele viu treze pessoas ajoelhadas, em círculo, e ouviu alguém orando: "Senhor, nós ainda não temos esse dinheiro, e nós precisamos dele para as duas horas; e agora já passa da uma hora. O Senhor pode, por favor, providenciá-lo agora?". Bill fechou a porta da biblioteca, e todos nós o ouvimos gemer como uma elefanta parindo: "Ah, não! Essa não! Eles ainda não têm o dinheiro; eles ainda estão orando para chegar". Nós o ouvimos descer as escadas como um bêbado.

No tapete da porta dianteira, onde tinha acabado de passar alguns minutos antes, ele encontrou um amontoado de ordens de pagamento bancárias. Ele as pegou, subiu as escadas aos pulos, abriu a porta e disse: "Podem parar de orar; o dinheiro chegou!". Era exatamente a quantia de que precisávamos; até o último centavo. Isso é uma ilustração de como expressar nossa fé de maneira tangível. Eu tinha dito a Bill: "O Senhor proverá o dinheiro por volta das duas horas". Isso foi a chave que destrancou o suprimento.

OUTRO MILAGRE DE SUPRIMENTO FINANCEIRO

Este é outro exemplo maravilhoso do Senhor suprindo uma necessidade material. Por muitos anos a comunidade da Halford House queria comprar o terreno que fazia divisa com a propriedade. Originalmente, esse terreno pertencia à mansão que nós ocupávamos, que foi construída em 1710. O lugar funcionava como viveiro de plantas, administrado por Dan Archer, que foi quem inspirou a criação da famosa série da BBC chamada "Os Archers". Ele era um senhor idoso, vindo da região central da Inglaterra, Derbyshire, e era de um caráter extraordinário.

Certo dia, Dan Archer cruzou o portão que separava o jardim da Halford House do viveiro que ele administrava. Por alguma razão, eu estava sozinho por ali, perto do portão, quando ele entrou. Ele disse: "Lance, era exatamente você que eu estava procurando. Eu já estou velho demais para continuar administrando este viveiro. Decidi mudar para Derbyshire e quero saber se você quer comprar o terreno". Segurei a respiração e perguntei: "Qual é o preço?". "Eu quero o suficiente para construir um bangalô em Derbyshire", ele respondeu. "E quanto é isso?", repliquei. "Vinte e seis mil libras", ele disse. Essa era uma soma bastante baixa naquela época por um pedaço de terra central em Richmond, Surrey. Se a intenção de venda de Dan Archer se tornasse pública, haveria uma enorme fila de compradores. Ainda que parecesse incrível, eu disse: "Nós vamos comprar o terreno". Então Dan disse: "Dou-lhes uma semana mais ou menos para irem ao banco pegar um empréstimo". Eu mal podia acreditar, mas disse a ele: "Nós vamos pagar em dinheiro!". "É mesmo?", ele disse. "Sim", repliquei.

Eu fiquei tão surpreso, que não conseguia falar com ninguém sobre o assunto. Fui direto à minha sala de estudo, ajoelhei-me e disse: "Amado Senhor, isso é ridículo! Eu acabei de dizer que vamos pagar o terreno em dinheiro, e nós não temos nem um centavo". O Senhor disse em meu coração: "Você receberá o dinheiro". Eu estava sozinho, mas comecei a rir, mais ou menos do jeito que Sara riu. "Desculpe-me, Senhor", eu disse, "mas de onde pode vir esse dinheiro? Eu nunca pedi ao Senhor uma soma tão grande". O Senhor me disse outra vez: "Você receberá o dinheiro". Naquela noite tínhamos a reunião semanal de oração, e eu compartilhei com os irmãos aquilo que tinha acontecido. Eu estava um tanto tenso sobre compartilhar a situação, porque sabia que não tínhamos absolutamente nenhum dinheiro e tínhamos contas que precisavam ser pagas. Depois de muita oração, estávamos todos unânimes. Devíamos avançar pela fé! Pedi, então, a todos os presentes que não contassem a ninguém sobre o assunto nem discutissem o caso nem mesmo por telefone, e todos concordaram e prometeram silêncio.

Na manhã seguinte recebi um telefonema; era Daisy, a Lady Ogle. Ela disse: "Lance, eu ouvi dizer que há um viveiro à venda perto da Halford House". Eu respondi imediatamente: "Lady Ogle, você nem devia estar sabendo disso. Alguém lhe passou essa informação, mas todos que estavam na reunião de oração se comprometeram a não dizer nada. Quem é que fez isso? Quem contou a você?". "Calma, calma", ela disse. "Pare com essa arrogância. Hoje de manhã, às cinco horas, no meu tempo de oração, o Senhor me disse: 'Não compre a casa! Compre o viveiro'. Eu liguei para todos os meus amigos do sul da Inglaterra para descobrir onde é esse viveiro. Ninguém sabia, mas quando telefonei para Elizabeth Stearns, ela disse: 'Ah, então o Lance falou com você'. E eu contei a Elizabeth que não foi o Lance, mas o Senhor quem me contou. Você tem o dinheiro para comprar esse viveiro?" "Não", eu disse. "Quanto estão pedindo?", ela perguntou. "Vinte e seis mil libras", respondi. "Amanhã de manhã você receberá o cheque." E assim foi! Nessa ocasião a chave foi acionada quando eu disse a Dan Archer: "Vamos pagar em dinheiro". A fé precisa ser expressa de forma concreta e tangível.

QUESTÕES PRÁTICAS

Aqui estão algumas questões práticas sobre realizar a vontade de Deus em oração.

Primeira: Precisamos assumir nosso lugar em Cristo; precisamos revestir-nos de toda a armadura de Deus. Isso é necessário em todas as reuniões de oração corporativa. Contudo, quando empregamos ação executiva, isso é mais essencial ainda. Precisamos habitar em Cristo de forma consciente, deliberada, pela fé; essa é a posição que Deus, o Pai, nos concedeu. Essa é a nossa única segurança e salvação. Ali precisamos ficar. É n'Ele e na Sua obra consumada que precisamos nos firmar, ali precisamos resistir e, havendo feito tudo, permanecer firmes.

Lembre sempre: a única maneira de executar a vontade de Deus é nos firmando em Cristo. Seja cuidadoso com as táticas do inimigo para nos tirar dali e deixar-nos descobertos. Isso é um perigo muito real. O objetivo de Satanás é nos atrair para fora da nossa posição em Cristo e assim nos neutralizar, nos tornar inúteis. Ele teme grandemente que empreguemos ação executiva. A vitória é nossa à medida que nos firmamos em Cristo.

Segunda: Precisamos conhecer a vontade de Deus no assunto que estamos enfrentando. Não é possível empregar ação executiva enquanto não estivermos seguros sobre qual é a vontade de Deus na situação ou no problema que estamos enfrentando. Paulo escreve: "Portanto, vede prudentemente como andais, não como néscios, e sim como sábios, remindo o tempo, porque os dias são maus. Por esta razão, não vos torneis insensatos, mas procurai compreender qual a vontade do Senhor" (Ef 5.15-17).

Terceira: Precisamos abrir o coração para a plenitude do Espírito Santo. Precisamos ser cheios d'Ele para sermos cheios de fé, de poder, de graça e de sabedoria. O apóstolo Paulo novamente nos ordena que não nos embriaguemos com vinho, mas sejamos cheios do Espírito Santo (veja Efésios 5.18). Por que vemos tão pouca ação executiva na oração corporativa? A resposta é simples. É que não estamos cheios do Espírito Santo. Onde não há plenitude do Espírito Santo, os crentes não conseguem chegar à ação executiva.

Quarta: Não há como empregar ação executiva enquanto o Espírito Santo não nos harmoniza e coordena. Precisamos chegar a uma só mente no assunto; só então podemos executar a vontade de Deus na oração corporativa. Essa unanimidade é essencial. Precisamos ser pacientes uns com os outros até que cheguemos a essa unanimidade.

Quinta: Nunca entre em conversação com o diabo, xingando, ridicularizando ou depreciando-o. Lembre-se de que nem mesmo o arcanjo Miguel não ousou proferir palavras desonrosas contra ele, mas disse: "O Senhor te repreenda!" (Jd 9). Não pense que você pode xingar o diabo e escapar de qualquer retaliação dele.

Eu me lembro, anos atrás, de uma situação especialmente ruim a respeito de uma irmã, que estava grandemente angustiada por causa de influências demoníacas. Na hora da oração, um irmão mais jovem, que ainda não possuía muito temor do Senhor, foi tomado de emoção carnal. Ele começou a xingar o diabo com todo tipo de nome: "Sua serpente pegajosa, seu mentiroso", e mais uma série de outros nomes injuriosos. Aqueles que conheciam o Senhor um pouco mais profundamente ficaram temerosos por aquele irmão. Suplicamos ao Senhor, em nosso coração, que o cobrisse. Contudo, naquela noite, as trevas desceram sobre ele, e ele não se recuperou mais até que, cerca de oito anos mais tarde, o Senhor graciosamente o restaurou. Nesses oito anos ele ficou completamente nas trevas. Jamais converse com o diabo!

Sexta: Tenha certeza de que está tudo bem entre você e o Senhor antes de começar a reunião de oração ou acabaremos perdendo um precioso tempo. Muitas vezes, aqueles que são os principais colaboradores tornam-se alvos dos poderes das trevas. Satanás é o constante acusador dos irmãos. Precisamos saber como usar o escudo da fé contra os dardos inflamados do maligno. Lembre-se disto: "Se confessarmos os nossos pecados, ele é fiel e justo para nos perdoar os pecados e nos purificar de toda injustiça" (1 Jo 1.9 – compare com Efésios 6.16). Às vezes, não é o pecado que bloqueia nossa participação na oração corporativa; é apenas um sentimento de contaminação. Todos nós nos enchemos de bastante "sujeira" durante nosso dia de atividades normais. Precisamos do sangue do Cordeiro, que nos purifica não só do pecado, mas também de toda sujeira.

Sétima: Se você é mulher, note com especial cuidado 1 Coríntios 11.5, 10, onde a Palavra menciona que a sua cabeça precisa estar coberta. Longe de mim dizer-lhe o que você precisa fazer, mas lembre: "O temor do Senhor é o princípio da sabedoria" (Pv 9.10). Há uma pequena declaração no versículo 10 que eleva toda essa questão a outro nível: *Por causa dos anjos*. Isso deveria ser suficiente para toda e qualquer irmã se conscientizar e prestar atenção. Muitas vezes, diz-se que esse assunto é um costume do Antigo Testamento e não tem relevância em nosso tempo. Se é esse o caso, o que é que tem relevância para hoje tanto no Antigo Testamento como no Novo? Vamos começar, então, a desconsiderar textos inteiros da Bíblia porque não entendemos o que dizem? Em minha opinião este assunto tem relevância muito séria quando empregamos ação executiva. Os poderes das trevas estão vigilantes para descobrir qualquer pequena fraqueza ou falha por onde podem conseguir alguma vantagem. É claro, isso se refere tanto aos homens como às mulheres. Quando realizamos a vontade de Deus na oração corporativa, precisamos ser cuidadosos mais do que o normal porque nisso estão envolvidos principados, poderes, dominadores deste mundo tenebroso, forças espirituais do mal, nas regiões celestes.

Por último: Executamos a vontade de Deus quando declaramos os fatos positivos – quando desconsideramos Satanás e louvamos a Deus. Às vezes, o caminho para a vitória para executar a vontade de Deus é simplesmente louvar o Senhor como se Satanás não estivesse nem envolvido na situação. Foi isso que o rei Josafá ordenou quando colocou na frente do exército o coro levítico do templo. Eles não levaram em consideração aquela enorme confederação, todos os inimigos deles que haviam saído para destruí-los, e simplesmente louvaram o Senhor. Eles cantaram: "Rendei graças ao SENHOR, porque a sua misericórdia dura para sempre". E quando adoraram o Senhor, Ele agiu em favor deles!

CAPÍTULO **9**

IMPEDIMENTOS À ORAÇÃO

No capítulo três tratamos dos maus hábitos que arruínam a oração e a intercessão corporativas. Sem diminuir o problema dos maus hábitos já mencionados, neste capítulo trataremos de impedimentos ainda mais sérios à oração. Em muitas ocasiões nossas reuniões de oração são obstruídas, e isso é um problema muito sério. Às vezes, desce um peso ou uma inércia sobre a reunião de oração; em consequência disso, não existe nem a unção nem a direção do Espírito.

Embora tenhamos sido salvos pela graça de Deus e nascidos do Seu Espírito, ainda somos seres humanos. Os poderes das trevas sabem muito bem que somos humanos e tiram vantagem disso. Eles procuram manipular-nos por meio de nossas fraquezas, e dessa forma atrapalham a oração e a intercessão efetivas. Nesse assunto vital da ação executiva em oração, esses impedimentos podem obstruí-la por completo. Vamos considerar, então, alguns desses impedimentos.

FALTA DE PERDÃO

Um sério impedimento à oração efetiva é a falta de perdão. Quem quer que sejamos, qualquer que seja nossa experiência anterior, não importa quão maravilhosamente fomos salvos, se abrigamos falta de perdão em nosso coração, nossas orações não têm valor nenhum. A falta de perdão faz com que nossas palavras percam o sentido. O Senhor Jesus destacou esse impedimento à oração quando disse: "Porque, se perdoardes aos homens as suas ofensas, também vosso Pai celeste vos perdoará; se, porém, não perdoardes aos homens as suas ofensas, tampouco vosso Pai vos perdoará as vossas ofensas" (Mt 6.14-15). Em outras palavras, nossas orações ficarão totalmente obstruídas.

É digno de nota que o Messias, na oração-modelo que nos deu, não destacou nenhuma das tremendas declarações que fez, exceto esta: "... e perdoa-nos as nossas dívidas, assim como nós temos perdoado aos nossos devedores" (Mt 6.12). A respeito dessa declaração,

Ele fez este solene comentário: "... se, porém, não perdoardes *aos homens* as suas ofensas, tampouco vosso Pai vos perdoará as vossas ofensas" (v. 15). Em outras palavras, o Senhor estava falando da humanidade. Ele não estava falando *apenas* de nossos irmãos e irmãs em Cristo. Na maneira que Ele usa a palavra "homens", temos três áreas: o mundo, a Igreja e a família.

Alguns cristãos creem que não faz diferença se mantêm um espírito sem perdão para com as pessoas não salvas do mundo ou para com algum parente não salvo, que lhes tenham feito algum mal. No seu modo de ver, as palavras de nosso Senhor Jesus referem-se apenas àqueles que são salvos. Contudo, o Senhor Jesus usou o termo genérico quando disse a palavra "homens".

Isso significa simplesmente que se abrigamos um espírito amargo e não perdoador para com as pessoas do mundo ou para com nossos parentes não salvos, e contra aqueles que são nossos irmãos e irmãs em Cristo, o Senhor também não nos perdoará. Há muitos crentes que foram profundamente feridos por pessoas não salvas deste mundo. Quando a ofensa ou o dano foram graves, quer físicos, quer mentais ou financeiros, é possível compreender que essas pessoas considerem muito difícil perdoar. Dessa mesma forma, para muitos cristãos é extremamente difícil perdoar quando são feridos pelos pais ou por parentes não cristãos.

Quando os próprios cristãos se ferem mutuamente com palavras ou ações, perdoar também não se torna algo menos difícil. Apesar disso, a Palavra de nosso Senhor Jesus continua firme – se nós não perdoamos, também não seremos perdoados. Se deixarmos as feridas sem tratar e sem curá-las, elas inflamam, com muitas consequências ruins. Elas se tornam uma raiz de amargura, que pode destruir o bem-estar espiritual de um filho de Deus e o bem-estar de muitas outras pessoas. A única solução é perdoar aos outros assim como fomos perdoados por Deus. Como é que fomos perdoados por Deus? Cada um de nós foi perdoado pela abundante graça de Deus! É dessa mesma graça que precisamos para perdoar aos outros.

Há muitos exemplos de pessoas que perdoaram, começando com o próprio Senhor Jesus, que disse: "Pai, perdoa-lhes porque não sabem o que fazem". Há muitos testemunhos maravilhosos de crentes que, pela graça de Deus, perdoaram àqueles que os feriram. Corrie Ten Boom é um poderoso exemplo. Ela perdeu o pai idoso e a irmã em um campo de concentração nazista. Para ela não foi fácil perdoar, mas ela venceu e perdoou. Todos que conheceram Corrie falam do amor e da graça transbordantes que ela expressava. Houve outros irmãos que perderam a família no Holocausto e da mesma forma venceram e viram seu coração encher-se do amor de Deus, mesmo por aqueles que anteriormente eram seus inimigos.

Um espírito que não perdoa destrói, mas um espírito perdoador conduz a pessoa a uma união cada vez mais profunda com o Senhor. Toda vez que os filhos de Deus superam aquilo que lhes tem sido feito e perdoam, tornam-se mais parecidos com o seu Senhor. Um espírito duro e que não perdoa prejudica não apenas a vida do crente que o abriga, mas torna-se um sério impedimento à oração pessoal e à oração corporativa.

O PECADO NÃO CONFESSADO

Outro impedimento imenso à oração corporativa é o pecado não confessado. O salmista diz: "Se eu atender à iniquidade no meu coração, o Senhor não me ouvirá" (Sl 66.18 – Almeida Revista e Corrigida). A salvação que nós experimentamos é de tal modo abrangente, que todos os nossos pecados foram apagados; nossas transgressões foram apartadas de nós assim como o Ocidente dista do Oriente; nosso pecado, que era da cor da escarlata, tornou-se branco como a neve. Somente o Senhor poderia ter feito isso! O apóstolo João escreve: "Se confessarmos os nossos pecados, ele é fiel e justo para nos perdoar os pecados e nos purificar de toda injustiça" (1 Jo 1.9). É o *pecado não confessado* que constitui um enorme impedimento à oração corporativa. Quando ele é confessado, o sangue do Senhor Jesus nos purifica de todo pecado.

Quando há pecado oculto e não confessado no acampamento, ele impede a oração e torna impossível qualquer execução da vontade de Deus. Acã desobedeceu ao mandamento que o Senhor havia dado aos filhos de Israel. Ele tinha ordenado que não pegassem nada de Jericó, nada que pertencesse aos seus inimigos, e Acã pegou bastante prata e ouro e uma série de tesouros valiosos e os enterrou no meio da sua própria tenda. O pecado dele provocou a primeira grande derrota de Israel, na cidade de Ai.

O pecado não confessado e não renunciado impede o avanço e a vitória do povo de Deus. É importante notar que, embora o pecado de Acã fosse desconhecido dos filhos de Israel, ele provocou a derrota de toda a nação.

O pecado desconhecido pelos outros e não confessado produz um impacto na reunião de oração. Ele é, obviamente, um grande obstáculo à oração corporativa.

A INCREDULIDADE

A falta de fé ou incredulidade é outro obstáculo sério à oração corporativa. O apóstolo João escreveu: "... porque todo o que é nascido de Deus vence o mundo; e esta é a vitória que vence o mundo: a nossa fé. Quem é o que vence o mundo, senão aquele que crê ser Jesus o Filho de Deus?" (1 Jo 5.4-5). Dessa declaração nós entendemos que não se pode vencer o mundo sem fé. Além disso, João destaca essa verdade quando diz que somente aquele que é nascido de Deus pode vencer o mundo. É somente por meio da fé viva em Jesus, o Filho de Deus, concedida pelo próprio Deus, que os renascidos obtêm a vitória. Repare cuidadosamente que João escreveu: "esta é a vitória que *vence* o mundo". É somente uma fé viva e prática em Jesus, o Filho de Deus, que proporciona a vitória! Ele obteve a vitória e não há nada que Satanás possa fazer a esse respeito. João está escrevendo a respeito de uma fé viva e atuante no Senhor Jesus como aquele que venceu e é vitorioso sobre o mundo. Em outras palavras: "... sem fé é impossível agradar a Deus, porquanto é necessário que aquele que se aproxima de Deus creia que ele existe e que se torna galardoador dos que o buscam" (Hb 11.6).

É possível crer apenas intelectualmente que Jesus é o Filho de Deus, vitorioso e vencedor, ao mesmo tempo que se abriga a incredulidade no coração. Por essa razão, o escritor da Carta aos Hebreus escreveu: "Tende cuidado, *irmãos*, jamais aconteça haver em qualquer de vós perverso coração de incredulidade que vos afaste do Deus vivo..." (Hb 3.12 – ênfase acrescentada). Precisamos lembrar que ele estava escrevendo a crentes. Podemos crer, com a cabeça, que Jesus é o Filho de Deus, mas com o coração crer que Ele é restrito e limitado naquilo que Ele pode fazer, que Ele só pode fazer aquilo que nossa cabeça permite que Ele faça! Isso é um perverso coração de incredulidade ou de falta de fé no crente. Esse é outro poderoso empecilho à oração corporativa.

Todos nós somos humanos, e nossa mente muitas vezes se vê assediada por dúvidas. Nosso inimigo se encarrega disso! Mas isso não importa se em nosso coração há uma fé viva e prática no Filho de Deus. Devemos prestar atenção às palavras do Senhor Jesus a esse respeito: "Ao que Jesus lhes disse: Tende fé em Deus; porque em verdade vos afirmo que, se alguém disser a este monte: Ergue-te e lança-te no mar, *e não duvidar no seu coração*, mas crer que se fará o que diz, assim será com ele. Por isso, vos digo que tudo quanto em oração pedirdes, crede que recebestes, e será assim convosco" (Mc 11.22-24 – ênfase acrescentada). Na minha experiência, quando se tem de encarar situações imensas e muito complexas, é comum surgirem muitas dúvidas na mente. Mas no coração há uma fé viva de que o Senhor cumprirá a Sua Palavra; e Ele sempre o faz!

O mais importante, diante do Senhor, é o que está no coração. Por exemplo, pode ser que estejamos enfrentando um problema muito complicado, e simplesmente não temos fé. Não cremos que o Senhor possa mudar aquela pessoa ou aquela série de circunstâncias. Nós simplesmente não estamos à altura daquilo e nos vemos incapazes de crer que, com o Senhor, tudo é possível. Ou então estamos orando pela cura de alguém, e pelo fato de termos visto uma ou duas pessoas que não foram curadas, começamos a nos tornar céticos. De alguma forma, aquilo que cremos na mente ainda não foi transferido para o nosso coração.

Precisamos nos lembrar da ocasião em que Pedro estava na prisão e a Igreja orava intensamente para que ele fosse solto. Um anjo desceu e de forma miraculosa tirou Pedro da prisão; mas Tiago teve outra sorte, foi decapitado. Pode-se imaginar que a Igreja estivesse grandemente perturbada. No Cenáculo, estavam orando fervorosamente, buscando o Senhor em favor de ambos, mas Pedro foi miraculosamente libertado e Tiago foi decapitado. Por que razão o Senhor respondeu a oração em favor de Pedro, mas não respondeu as súplicas em favor de Tiago? A resposta é que essa era a vontade de Deus em ação. Pedro foi libertado e Tiago foi martirizado. É um grande erro pensar que Pedro tinha um anjo que cuidava dele e Tiago não tinha nenhum. Pedro precisou de apenas um anjo; Tiago, provavelmente, contou com um grupo inteiro de anjos que o ajudaram a passar pelo martírio (veja Atos 12).

Somente o Espírito de Deus pode arrancar de nós um perverso coração de incredulidade. Depois da gloriosa transfiguração do Senhor Jesus, Ele e os Seus discípulos desciam do monte, quando um pai imensamente perturbado aproximou-se deles e falou com Jesus. Ele estava fora de si por causa do seu filho epiléptico. Ele contou a situação do seu filho a Jesus, e tudo o que sempre acontecia com o menino, dizendo: "... mas, se tu podes alguma coisa, tem compaixão de nós e ajuda-nos. Ao que lhe respondeu Jesus: Se podes! Tudo é possível ao que crê. E imediatamente o pai do menino exclamou [com lágrimas]: Eu creio! Ajuda-me na minha falta de fé!" (veja Marcos 9.22b-24).

Essa falta de fé pode estar dentro de qualquer um de nós. O pai foi tão honesto e verdadeiro que, apesar da sua falta de fé, o Senhor Jesus curou o menino. Precisamos ser sinceros a respeito da nossa incredulidade ou falta de fé e buscar o Senhor para que Ele nos liberte dela. Não esqueça nunca que o Senhor é tão compassivo e compreensivo, que Ele conhece a nossa estrutura, e lembra-Se de que somos pó. Muitas vezes, Ele exclamou a respeito dos Seus: Ó homens de pequena fé. Onde há honestidade, o Senhor nos socorrerá nesse assunto!

O SENTIMENTO DE INCAPACIDADE

Outro impedimento na oração corporativa é o sentimento de incapacidade. Um filho de Deus, quando se vê cercado de intercessores experimentados e guerreiros de oração, pode sentir uma espécie de claustrofobia espiritual. Um crente assim sente-se totalmente inadequado e intimidado pelos gigantes espirituais presentes à reunião. A única maneira de sobreviver em uma reunião como essa é manter a boca fechada! Mas se o filho de Deus sente esse tipo de medo e se mantém em silêncio, ele ou ela nunca vai crescer. Precisamos exercitar nossos músculos espirituais e aprender por meio da prática.

Esse sentimento não ocorre apenas aos que são jovens no Senhor, gente nova, adolescente ou jovem; muitas vezes aparece naqueles que são maduros, irmãos com trinta anos ou mais. O sentimento de incapacidade pode aparecer em pessoas de qualquer idade. É uma atitude totalmente destrutiva, porque em Cristo o crente não é incapaz! Todo filho de Deus deveria ser capaz de dizer: "... tudo posso naquele que me fortalece" (Fp 4.13).

Às vezes, a raiz desse sentimento de incapacidade se encontra em nosso orgulho. Estamos temerosos de que, se participarmos e contribuirmos, os outros podem ver nossa inabilidade e incompetência ou podem ficar olhando quando cometemos erros. Como cristãos, jamais reconheceremos isso como orgulho, mas acharemos que é modéstia e discrição. Mas a verdadeira humildade nos levará a reconhecer que precisamos da libertação do Senhor e então que Ele nos ensine e nos treine para podermos participar das orações. Muitas vezes, aprendemos por meio da contribuição que fazemos na oração, mesmo quando cometemos algum erro.

Para aqueles que ainda têm pouca idade, os adolescentes e jovens, queremos lembrar as palavras do apóstolo Paulo a Timóteo: "Ninguém despreze a tua mocidade; pelo contrário, torna-te padrão dos fiéis, na palavra, no procedimento, no amor, na fé, na pureza" (1 Tm 4.12). Muitos anos antes de Timóteo, Jeremias também teve a mesma experiência. Ele sentiu-se totalmente incapaz e disse: "... ah! Senhor Deus! Eis que não sei falar, porque não passo de uma criança. Mas o Senhor me disse: Não digas: Não passo de uma criança; porque a todos a quem eu te enviar irás; e tudo quanto eu te mandar falarás" (Jr 1.6-7). Se tanto Timóteo como Jeremias tivessem continuado em seu sentimento de incapacidade, não se atrevendo a falar ou a agir, eles nunca teriam cumprido seu ministério. Pela graça e pelo poder de Deus superaram esse sentimento, cresceram no Senhor e cumpriram seu chamado.

O SENTIMENTO DE IMPUREZA

Outro impedimento à oração corporativa é o sentimento de impureza que todos nós experimentamos. Sabemos que fomos lavados no sangue do Cordeiro. Não temos dúvida a respeito desse fato. O Cordeiro de Deus apagou os nossos pecados. Apesar disso, todos nós acumulamos impurezas durante nosso dia de atividades normais. É quase impossível não sermos poluídos por aquilo que vemos e ouvimos neste mundo – na televisão, nas revistas e jornais e mesmo em propagandas; em nosso local de trabalho ou na vida de negócios, em todos os lugares em que mantemos contato com este mundo. Em todos eles nós vemos e ouvimos coisas que acionam desejos e paixões carnais, e nos sentimos poluídos por eles. Será que devemos tornar-nos monges e freiras, enclausurados em monastérios e conventos, totalmente separados do mundo exterior? Mas o Senhor nos ordenou que fôssemos a todo o mundo pregar o Evangelho. Não é possível obedecer ao Seu mandamento e não ser poluído por este mundo.

O Senhor Jesus, na noite em que celebrou a Páscoa com os discípulos antes da Sua morte, tomou uma bacia de água e uma toalha e lavou os pés deles. Pedro protestou e não quis deixar que Jesus lavasse seus pés. Por essa razão, Jesus lhe disse que, se Ele não lavasse os pés de Pedro, este não teria parte com Ele. Pedro, então, replicou: "Senhor, não somente os pés, mas também as mãos e a cabeça!". Então o Senhor Jesus disse: "Quem já se banhou não necessita de lavar senão os pés; quanto ao mais, está todo limpo" (veja João 13.1-10).

O Senhor Jesus estava Se referindo ao costume normal diário da terra de Israel e do Oriente Médio. A primeira coisa que alguém fazia quando chegavam visitantes a sua casa era lavar-lhes os pés. Naqueles dias não havia transporte público de trem, ônibus ou automóvel. As pessoas andavam a pé, de jumento ou a cavalo. Era refrescante, depois de uma viagem no calor do Oriente Médio, ter os seus pés lavados. O significado espiritual disso é muito simples. Os nossos pecados foram tratados pela obra consumada do Cordeiro, mas nós nos poluímos no caminhar do nosso dia a dia. O sangue do Cordeiro é suficiente tanto para um caso como para o outro.

Esse assunto da impureza que acumulamos no mundo é um verdadeiro impedimento à reunião de oração corporativa. Se todos nós nos sentimos "sujos" quando começamos a orar, é evidente que isso vai influenciar na nossa participação ou contribuição. O que precisamos é isto: "... o lavar regenerador e renovador do Espírito

Santo..." (Tt 3.5b). É digno de nota que a palavra grega traduzida como *lavar* é "bacia". Isso é uma referência à bacia que estava no tabernáculo e no templo. O altar das ofertas queimadas simboliza o sacrifício completo do Messias em favor do nosso pecado. A bacia fala de um novo nascimento e por meio desse nascimento a lavagem de toda impureza.

Paulo transmite essa mesma ideia quando escreve: "... para que a santificasse, tendo-a purificado por meio da lavagem de água pela palavra..." (Ef 5.26). Também aqui a lavagem é uma referência à bacia. Note as palavras: *lavagem de água pela palavra*. Quando lemos a Palavra de Deus e meditamos nela, ela purifica nossa mente e nosso ser. Essa é outra razão por que devemos decorar as Escrituras; porque assim, em uma hora em que somos tentados, o Espírito de Deus pode nos lembrar de alguma Palavra Sua e isso nos purificará. Em toda reunião de oração corporativa nós precisamos sempre curvar a cabeça e louvar o Senhor pela lavagem de toda a impureza. Só assim não seremos impedidos na oração.

O MAU RELACIONAMENTO ENTRE MARIDO E MULHER

É interessante que o apóstolo Pedro tenha apontado outro impedimento à oração corporativa: o mau relacionamento entre maridos e mulheres. Talvez não se pense, normalmente, nisso como algo que tenha ligação com a oração. Ele escreveu: "Igualmente vós, maridos, coabitai com ela com entendimento, dando honra à mulher, como vaso mais fraco; como sendo vós os seus coerdeiros da graça da vida; para que não sejam impedidas as vossas orações" (1 Pe 3.7 – Almeida Revista e Corrigida). Será possível que um mau relacionamento entre um marido crente e uma esposa crente possa atrapalhar a oração? A resposta simples é esta: não só pode, como em muitos casos isso acontece. A contínua desarmonia entre um casal – as discussões, brigas e discórdias – atrapalha a oração pessoal, familiar e corporativa.

Não há desigualdade entre homem e mulher, como se um tivesse maior valor e utilidade do que o outro, à vista de Deus. No princípio da Bíblia está registrado: "Criou Deus, pois, o homem à sua imagem, à imagem de Deus o criou; homem e mulher os criou" (Gn 1.27).

Eles foram criados para serem *coerdeiros da graça da vida*. Não obstante, os maridos são exortados a tratar as suas esposas *com entendimento, dando honra à mulher, como vaso mais fraco*. Não há dúvida quanto à autoridade e inspiração da Palavra de Deus; ela sempre se mostra absolutamente correta. Mas parece que algumas mulheres são qualquer coisa menos vasos mais fracos! Algumas são incrivelmente fortes física, mental e espiritualmente. Na verdade, na Palavra de Deus encontramos alguns exemplos espantosos: Jael, Débora, Jezabel, Ana, a profetisa, Lídia e muitas outras. Poderíamos citar muito mais senhoras fortes assim se procurássemos na comunidade dos não salvos!

Quando a Palavra de Deus fala das mulheres como vaso mais frágil, ela se refere ao fato de que elas são formadas conforme um princípio diferente da constituição do homem. Ambos, homem e mulher, são de igual valor e iguais na obra que realizam, coerdeiros da vida física, e complementam-se um ao outro. No entanto, elas são inteiramente diferentes quanto ao princípio pelo qual foram constituídas, tanto mental quanto psiquicamente. As mulheres são diferentes dos homens, e com justiça. À parte de qualquer outra consideração, permanece o fato de que a mulher dá à luz a um novo ser humano, e demora nove meses desde a concepção até o nascimento. Os homens não têm essa experiência. É claro, tanto o homem quanto a mulher são coerdeiros dessa vida, mas há uma diferença real entre a função do homem e a da mulher.

É interessante notar o que a Palavra declara a respeito do lugar e da função da mulher. A Palavra de Deus ordena que elas *governem a casa* (veja 1 Timóteo 5.14 – Almeida Revista e Corrigida). Os homens devem reconhecer que as suas esposas devem assumir a responsabilidade pelo lar e pela casa. A palavra grega traduzida como *governem* é uma palavra forte. Ela significa que a esposa deve ser o guia da casa, liderá-la e encabeçar o serviço prático referente a casa ou à família. Em todo casamento judeu lê-se em voz alta Provérbios 31.10-31. Se lermos cuidadosamente esses versículos, a mulher descrita neles não se parece nem de longe com a ideia de esposa que algumas pessoas têm. Ela, com toda certeza, não é um simples enfeite da casa. Essa mulher faz tapetes, reveste com eles a sua casa, faz roupas, compra e vende propriedades, planta vinhas e vende as coisas que tece.

O marido deve conviver com a sua esposa com entendimento. "... vivei a vida comum do lar, com discernimento; e, tendo consideração para com a vossa mulher como parte mais frágil..." (1 Pe 3.7). Muito da desarmonia entre maridos e mulheres tem sua origem em um entendimento errado das diferentes funções que eles devem exercer. O marido deve ser o "cabeça" e tomar as decisões finais. Essa é uma função instituída por Deus. Quando há uma compreensão da função do marido e a função da esposa no relacionamento deles, muito do atrito que existe entre o casal desaparece. Quando há uma renúncia da vida própria de ambos, resolvem-se o atrito, as discórdias e até mesmo as brigas! Quando marido e mulher oram juntos todos os dias, isso também libera a tensão e fortifica o relacionamento.

Seja o que for que entendemos a respeito do relacionamento de maridos e mulheres, quando há atrito, discórdia, rixa e antagonismo, tudo isso é um verdadeiro empecilho à oração.

A DESARMONIA

A desarmonia e a discórdia são outro impedimento à oração corporativa. O inimigo não precisa de muita coisa para provocar discórdia entre os crentes. São de admirar os assuntos pelos quais os crentes brigam. Isso me lembra da história de uma enorme controvérsia na Idade Média, que se espalhou pelas sinagogas da Rússia. A questão girava em torno de quantos anjos cabiam na cabeça de um alfinete! Foi uma briga tão feroz que dividiu não só as pessoas, mas até mesmo as sinagogas.

"Vivei, acima de tudo, por modo digno do evangelho de Cristo, para que, ou indo ver-vos ou estando ausente, ouça, no tocante a vós outros, que estais firmes em um só espírito, como uma só alma, lutando juntos pela fé evangélica..." (Fp 1.27). É importante notar que o apóstolo escreve a respeito desses filhos de Deus como quem está firme em um só espírito, como uma só alma. Se somos nascidos do Espírito de Deus, não devemos lutar para sermos *um só* espírito; nós *somos um só* espírito. Há somente *um* Espírito Santo. Não importa qual seja nossa raça, tribo, cor, temperamento, cultura ou linguagem, podemos todos permanecer em *um Espírito*. Fomos todos batizados em um corpo por um só Espírito.

A dificuldade toda está em permanecer como *uma só alma* lutando pela fé evangélica. Permanecer como uma só alma é um milagre de primeira ordem, e somente o Senhor consegue produzir isso. A desarmonia entre nossas almas é um fenômeno natural. Brigar uns com os outros é a coisa mais fácil do mundo; é muito mais fácil do que ser uma só alma lutando pela fé evangélica. Se examinarmos a história da Igreja, ou da obra de Deus, veremos que está repleta de testemunhos de facções, desarmonia e divisão. Tudo isso procede de nossa alma, na qual está localizada a nossa vontade, razão e emoção. Não é tarefa fácil para o Espírito Santo fazer-nos permanecer como uma só alma. Mas essa é uma necessidade vital.

    É inumerável a quantidade de reuniões de oração que foram destruídas totalmente por causa dessa desarmonia e discórdia. Mesmo em uma pequena reunião de oração local pode surgir alguma discórdia, a qual pode crescer e tornar-se uma divisão, e finalmente matar toda a oração. A única maneira de o corpo funcionar e crescer o crescimento que procede de Deus é *reter firmemente o Cabeça*. A resposta para essa condição é cada um renunciar aos seus direitos, tomar a cruz e seguir o Senhor Jesus. Perder a própria vida é encontrar o verdadeiro eu na vida de ressurreição e poder do Senhor Jesus. Só assim é possível permanecer como uma só alma lutando pela fé evangélica.

DUAS MISSIONÁRIAS GRANDEMENTE USADAS POR DEUS

    Um pouco de areia colocada em um mecanismo pode produzir um grande estrago. É de admirar como são pequenos os assuntos que provocam desarmonia e discórdia nas reuniões de oração. Uma de minhas grandes amigas, que trabalhou por muitos anos na Índia, costumava conceder aos missionários um tempo de descanso na sua bonita residência nas colinas Nilgri. Havia duas notáveis e importantes servas de Deus que costumavam fazer uso desse benefício. Ambas tinham sido grandemente usadas pelo Senhor na obra que Ele lhes havia dado para fazer. Nas reuniões de oração que minha amiga promovia na sua casa, ela precisava tomar muito cuidado com o lugar onde colocava essas duas irmãs! Se elas de alguma maneira acabassem sentadas juntas, estava formada a confusão. Uma dessas missionárias era muito doce, artística e sensível. Sua oração era sempre muito inteligente, perspicaz. Sua oração era toda floreada, mas muito poderosa. A outra missionária era simples, precisa, ia direto ao ponto. Na verdade, muitas vezes ela parecia mais um homem do que uma mulher. Outro amigo meu, um bem conhecido servo do Senhor, costumava dizer que ele daria qualquer coisa para ter a mesma visão que essa irmã tinha do nome de Jesus. A oração dela era feita com muita autoridade, poderosa, direta ao ponto.

Essas duas queridas missionárias não conseguiam conviver uma com a outra. Quando a primeira orava da forma que lhe era habitual, a outra quase explodia e dizia em voz baixa, mas alto o suficiente para ser ouvida por todos: "Fala logo, mulher! Seja direta!" ou: "Mulher boba, será que ela pensa que será ouvida por causa das suas palavras bonitas?". Essas duas irmãs tinham conduzido obras em que milhares de pessoas tinham encontrado o Senhor, mas quando chegou a hora da oração corporativa, elas estavam totalmente desqualificadas. Até onde sei, nunca superaram essas dificuldades.

Queira Deus que todo impedimento à oração corporativa seja removido, por menor ou maior que possa ser. Estamos em uma batalha gigantesca e às vezes o conflito nos subjuga. Precisamos da graça e do poder de Deus para encarar esses empecilhos e acabar com eles. A possibilidade de sermos derrotados pelos inimigos de Deus e as consequências que seguirão uma derrota como essa são aterradoras demais para considerar.

CAPÍTULO **10**

O MISTÉRIO DA INTERCESSÃO

Isaías 62.1-7 (Tradução Brasileira) — *Por amor de Sião não me calarei, e por amor de Jerusalém não descansarei, até que saia a sua justiça como um resplendor, a sua salvação como uma tocha acesa. As nações verão a tua justiça, e todos os reis a tua glória; e serás chamado por um novo nome que a boca de Jeová ordenará. Também serás uma coroa de adorno na mão de Jeová, e um diadema real na mão do teu Deus. Não serás chamada dali em diante Desamparada; nem a tua terra será mais chamada Desolada: mas serás chamada Hefezi-Bá, e a tua terra Beulá; porque Jeová se deleita em ti, e a tua terra será casada. Porque como o mancebo se casa com a donzela, assim teus filhos se casarão contigo; e como o noivo se alegra da noiva, assim o teu Deus se alegrará de ti. Tenho posto vigias sobre os teus muros, ó Jerusalém; eles não*

se calarão jamais em todo o dia nem em toda a noite: não descanseis vós os que fazeis lembrar a Jeová, e não lhe deis a ele descanso, até que estabeleça, e até que ponha a Jerusalém por objeto de louvor na terra.

*Daniel 9.1-5 – No primeiro ano de Dario, filho de Assuero, da linhagem dos medos, o qual foi constituído rei sobre o reino dos caldeus, no primeiro ano do seu reinado, eu, Daniel, entendi, pelos livros, que o número de anos, de que falara o S*ENHOR *ao profeta Jeremias, que haviam de durar as assolações de Jerusalém, era de setenta anos. Voltei o rosto ao Senhor Deus, para o buscar com oração e súplicas, com jejum, pano de saco e cinza. Orei ao S*ENHOR*, meu Deus, confessei e disse: ah! Senhor! Deus grande e temível, que guardas a aliança e a misericórdia para com os que te amam e guardam os teus mandamentos; temos pecado e cometido iniquidades, procedemos perversamente e fomos rebeldes, apartando-nos dos teus mandamentos e dos teus juízos...*

Nenhum filho de Deus consegue tornar-se um intercessor sem antes ter-se deparado com *o mistério* da intercessão. Se a verdadeira intercessão começa com o entendimento da vontade de Deus, por que precisamos interceder? Com toda certeza, se é a Sua vontade, de qualquer forma ela se cumprirá. Por que o Senhor deseja nos envolver nesse cumprimento? Podemos afirmar com toda certeza que o Senhor Jesus não pretende cumprir a Sua vontade sem que estejamos envolvidos no processo. *Por essa razão, a única resposta satisfatória a essas perguntas é espantosa: Ele pede que estejamos em comunhão com Ele!* Dessa forma, a intercessão se torna uma escola em que o

Messias nos ensina como discernir a Sua vontade, como ler o Seu pensamento e em fé simples obedecer-Lhe. Ele também está nos treinando para o governo eterno, para reinar com Ele para sempre. Em outras palavras, Ele está nos educando para o trabalho eterno!

O ENCARGO DO SENHOR JESUS, O INTERCESSOR

Defrontamo-nos com o principal mistério da intercessão quando lemos as palavras do Senhor, pronunciadas pelo profeta Isaías, como estão registradas no capítulo 62. Ele declara: "Por amor de Sião não me calarei, e por amor de Jerusalém não descansarei, até que saia a sua justiça como um resplendor, a sua salvação como uma tocha acesa" (v. 1 – Tradução Brasileira).

É de grande importância entendermos quem está falando. Essa é a intercessão de Isaías ou a intercessão do Senhor Jesus? Evidentemente é o Messias que está falando; Isaías não estava colocando sentinelas sobre os muros de Jerusalém! É o Senhor Jesus que diz: "Tenho posto vigias sobre os teus muros, ó Jerusalém" (v. 6). Isso fica ainda mais claro em Isaías 61.1 (Almeida Revista e Corrigida): "O Espírito do Senhor JEOVÁ está sobre mim, porque o SENHOR me ungiu para pregar boas-novas aos mansos". Em um sábado, na sinagoga de Nazaré, o Senhor Jesus leu essas palavras e disse: "Hoje, se cumpriu a Escritura que acabais de ouvir" (Lc 4.21 – compare os versículos 18, 19).

Torna-se claro que é o Messias Jesus que está revelando o encargo do Seu coração em Isaías 62.

O Senhor Jesus declara que Ele não pode descansar nem se manter quieto até que a justiça de Sião saia como um resplendor e como uma lâmpada acesa, e que todas as nações a vejam. Essa Sião, essa Jerusalém, será chamada *Hefezi-Bá* e *Beulá*, que significam "Ela é a minha alegria" e "Ela está casada". Ele declara: "Porque como o mancebo se casa com a donzela, assim teus filhos se casarão contigo; e como o noivo se alegra da noiva, assim o teu Deus se alegrará de ti" (v. 5).

Essa é a revelação da vontade de Deus para aqueles que Ele redime. Ela expressa o encargo do coração do Intercessor, Jesus, o Messias. A Sua preocupação é cumprir totalmente o eterno propósito de Deus. Em um sentido, que não se pode desconsiderar, isso também se refere à Jerusalém terrena, à salvação final do povo judeu e à conclusão do círculo da redenção (veja Romanos 11.25-29). Esse círculo começou com Abraão e a promessa do Senhor a ele: "... de ti farei uma grande nação... em ti serão benditas todas as famílias da terra (Gn 12.2a-3b). Em outras palavras, era uma promessa dupla. Essa nação era Israel, por meio da qual veio o Messias segundo a carne, e por meio do qual temos a salvação, e por meio da qual veio a Palavra de Deus de Gênesis até Apocalipse, com a possível exceção do evangelho de Lucas e do livro dos Atos dos Apóstolos.

O propósito do Senhor também era que, de todas as nações, houvesse uma quantidade inumerável de gentios redimidos: "em ti serão benditas *todas as famílias da terra*". Esse círculo da redenção e salvação começou com os judeus. O Evangelho destinava-se primeiro aos judeus e então aos gentios; depois ao número todo dos gentios que serão salvos; e finalmente ele se completará com a salvação de Israel e do povo judeu — os ramos naturais que serão novamente enxertados na sua própria oliveira. Essa é a Jerusalém terrena para a qual o Messias Jesus retornará.

Esse fato, por si só, é muito significativo! Por que o Messias pretende retornar à cidade que é a capital de um "erro histórico", um "acidente da história"? O único significado possível é que Deus tem um propósito de salvar Israel e o povo judeu! Uma vez que a Jerusalém terrena e o restaurado Estado de Israel têm tamanha importância no propósito de Deus, é de esperar que haja muito conflito e guerra a respeito deles. Israel e o povo judeu são parte integral do propósito redentor de Deus, e os poderes das trevas não descansarão enquanto não os aniquilarem. Mas eles não terão sucesso!

Isso também se refere gloriosamente à Jerusalém celestial, que é nossa mãe e cujo arquiteto e edificador é Deus. Quando essa Jerusalém descer dos céus, tendo sobre si a glória de Deus, finalmente se cumprirá o propósito de Deus para este universo e para a humanidade. A respeito dessa Jerusalém também há uma enorme e poderosa batalha. Estará a Igreja de Deus, a Noiva de Cristo, se preparando para o Senhor? A vontade revelada de Deus é que seja assim e isso se cumpra, pelo menos em um remanescente. Esse novo Homem, no qual não há nem judeu nem gentio, é o ponto focal da guerra espiritual em que estamos envolvidos.

O ENCARGO DO INTERCESSOR É REPARTIDO COM OS INTERCESSORES

É espantoso descobrir nessa profecia que o encargo do Senhor é então transferido a esses vigias que estão sobre os muros de Jerusalém. As palavras que Ele usa para expressar o *Seu* encargo são precisamente as mesmas que Ele usa para descrever o encargo que os vigias devem possuir! Ele disse a respeito de Si mesmo: "Por amor de Sião não me calarei, e por amor de Jerusalém não descansarei, até que...". Agora Ele diz a respeito desses vigias: "... *eles não se calarão jamais em todo o dia nem em toda a noite: não descanseis vós os que fazeis lembrar a Jeová, e não lhe deis a ele descanso, até que...*" (ênfase acrescentada). Aqui chegamos ao âmago da intercessão genuína; ela se inicia com o Senhor – *o* Intercessor –, transfere-se aos Seus intercessores e é compartilhada com eles.

Devemos reparar bem nas seguintes palavras: "vós *os que fazeis lembrar* a Jeová". É aqui que nos deparamos com o mistério da intercessão. Por que precisamos lembrar ao Senhor a Sua vontade, ou o Seu propósito, ou a Sua Palavra? É extraordinário o fato que devamos ser "aqueles que lembram" ao Senhor, como se Ele tivesse esquecido o Seu conselho, o que com toda certeza não aconteceu! Não obstante, devemos ser como "secretários", lembrando ao Senhor os Seus compromissos. A única explicação é que Ele deseja que sejamos colegas de trabalho junto com Ele e que Ele está nos treinando para trabalhos muito maiores na eternidade.

OS COMPROMETIMENTOS
PRÁTICOS DOS SEUS INTERCESSORES

Ao descobrir o encargo do Seu coração em Isaías 62, o Senhor Jesus termina com estas notáveis palavras: "Passai, passai pelas portas; preparai o caminho ao povo; aterrai, aterrai a estrada; tirai as pedras; arvorai um estandarte aos povos (Is 62.10 – Tradução Brasileira). Essas palavras são impressionantes! Os vigias dos muros de Jerusalém, chamados e designados pelo Senhor, por meio da sua intercessão árdua e custosa, são verdadeiros agentes no cumprimento da vontade de Deus.

Nessas ordens do Messias temos um comentário fora do comum a respeito da intercessão genuína. A primeira ordem é *passar, passar pelas portas*. Em outras palavras, a intercessão verdadeira é um comprometimento total com o propósito de Deus. Essas portas são as portas de Jerusalém. Mesmo a Jerusalém terrena é um símbolo do eterno propósito de Deus, e a Sua vontade de cumprir esse propósito.

Evidentemente, a Nova Jerusalém que desce do céu expressa o cumprimento final do propósito de Deus. A intercessão genuína, mesmo quando está relacionada a assuntos menores, está sempre ligada ao cumprimento do propósito final de Deus. O intercessor talvez nem sempre esteja ciente disso! O assunto é simples. Nossa intercessão não é a mera contemplação ou o exame das portas de Jerusalém a partir de certa distância; ela é um "passar pelas portas". "Passar" por essas portas significa que estamos comprometidos com o Senhor e com o Seu propósito.

A segunda ordem do Senhor Jesus é: *preparai o caminho ao povo*. Há muitos seres humanos presos por trás das portas do inferno. O propósito do Senhor é romper essas portas e libertar esses cativos. Junto com essa ordem está o chamado à intercessão custosa em favor daqueles que estão presos, cegos, surdos e mortos para com o Senhor Jesus. Entre esses seres humanos estão as "pedras vivas" com as quais o Senhor edificará a Sua Igreja. Esses que no momento não são povo de Deus haverão de tornar-se gloriosamente o povo de Deus!

As duas ordens seguintes, *aterrai, aterrai a estrada; tirai as pedras*, é a ampliação dessa verdade. Essa estrada é mais do que um "caminho". Normalmente, ela designa uma via pública de muito maior extensão. Esses vigias sobre os muros de Jerusalém não estão orando apenas pelo povo que está perto, mas também por aqueles que estão a grande distância. As pedras que precisam ser removidas desse tipo de caminho são os obstáculos imensos que só podem ser revolvidos por meio de intercessão e por uma fé viva.

Quando o Espírito Santo coloca as armas certas nas mãos dos intercessores, as fortalezas satânicas, as teorias especulativas e toda altivez que se levanta contra o conhecimento de Deus são destruídas, e os pensamentos são conduzidos cativos a Ele. Essas são as rochas enormes que podem obstruir a construção desse caminho. Devemos notar o imperativo duplo: "passai, passai", e "aterrai, aterrai" – essa é a maneira hebraica de sublinhar e enfatizar um assunto. É uma ordem enfática aos vigias, para que se envolvam totalmente e de forma prática.

A última ordem, *arvorai um estandarte aos povos*, é cheia de significado espiritual. Onde quer que o estandarte tremule, ali está o Rei ou Comandante. Por meio da intercessão nós hasteamos o estandarte e proclamamos aos poderes das trevas que ali está presente o Messias Jesus, o Rei dos reis. Nós declaramos que Jesus é o Senhor; que, por meio da intercessão, estamos tratando dos Seus negócios. Nós temos a armadura de Deus, as armas de Deus, a espada do Espírito, e o imutável conselho de Deus! Satanás não pode desfazer a obra completa do Senhor Jesus nem O destronar. O estandarte simplesmente proclama a vitória absoluta de Cristo.

INTERCESSÃO INTENSA E PERSISTENTE EM FAVOR DA ÍNDIA

Conheci duas queridas e preciosas irmãs – Daisy Lady Ogle e a senhorita Sinclair. Elas ilustram bem o poder da intercessão corporativa. Tornei-me bom amigo de ambas. Elas foram chamadas pelo Senhor para entregarem-se a uma persistente e intensa intercessão em favor da Índia. Naquele tempo havia muitas denominações cristãs naquele país, algumas boas e outras ruins. O Senhor revelou àquelas irmãs que na Índia não havia nenhum homem que Ele pudesse usar naqueles dias. Ele colocou sobre elas o encargo de se entregarem à intercessão, para que o Senhor levantasse alguma poderosa voz profética na Índia. Elas gastaram alguns anos intercedendo em favor desse assunto.

Certo dia, elas foram ouvir um pregador indiano. Ele tinha sido um *sikh*[2] e fora salvo de maneira maravilhosa. Quando ele deu testemunho para a sua família a respeito da experiência de salvação que tivera, foi expulso da sua casa e da sua família. Enquanto ele pregava, o Espírito de Deus disse a Lady Ogle: "Este é o homem por quem vocês estão orando". O homem era Bahkt Singh. Depois, o Senhor disse a ela e à senhorita Sinclair:

---

[2] Seguidor do sikhismo, religião monoteísta fundada pelo Guru Nanak (1469 – 1539), resultante de elementos do hinduísmo e do islamismo e atualmente praticada na Índia e Paquistão. Na língua punjabi, "sikh" significa "discípulo forte e tenaz".

"Agora orem por esse homem, pois vou usá-lo grandemente na Índia".

E foi exatamente o que aconteceu. Por meio desse precioso servo de Deus dezenas de milhares de indianos chegaram a conhecer o Senhor em toda a Índia. As reuniões que ele promoveu nas diferentes cidades eram frequentadas por milhares de indianos. O impacto do ministério desse homem alcançou a Índia e Bangladesh, e até os confins da Terra. Essa é uma ilustração de como o Espírito Santo revelou a vontade de Deus às Suas intercessoras, e por meio da intercessão delas cumpriu o Seu propósito. Devemos notar que isso foi intercessão corporativa, mas em geral e normalmente foram apenas as duas irmãs que intercederam. Às vezes, outros amigos, que as visitavam, também participavam da intercessão.

INTERCESSÃO INTENSA E PERSISTENTE EM FAVOR DA CHINA

Margaret Barber também é outra ilustração do poder da intercessão. Ela estava convicta de que o Senhor a tinha chamado para a China e preparou-se como a maioria dos missionários. Ela partiu com uma Missão com destino a Foochow, na província de Fukien. Ela ensinava em uma escola missionária e era uma excelente professora, com talento incomum; as alunas da escola se apegaram com muito carinho a ela. Em poucos anos algumas das outras professoras missionárias começaram a ficar com inveja dela. Dessa inveja surgiram inúmeras acusações contra Margaret Barber. Essas acusações eram cruéis, incluindo comportamento inadequado com as alunas e até mesmo relacionamentos imorais com elas. Por fim, ela se viu forçada a demitir-se e retornar à Grã-Bretanha, com o seu chamado à China aparentemente destruído.

Enquanto estava na Grã-Bretanha, ela foi a algumas reuniões em que um bispo muito piedoso ministrava. Ela foi tão ajudada pelas ministrações que perguntou se poderia falar com ele. Quando finalmente conseguiu, apresentou-lhe toda a situação. Ele ouviu atentamente e no fim disse: "Você, na verdade, pecou de alguma forma? Havia qualquer verdade naquelas acusações?".

Ela replicou que não havia verdade nenhuma nas acusações feitas contra ela e que não tinha pecado daquela forma. O bispo perguntou-lhe: "Você crê que o Senhor a chamou para a China?". "Sim, Ele me chamou", respondeu a senhorita Barber. Ele afirmou: "Então você precisa voltar à China!". Ela exclamou: "Mas eu não tenho nenhuma Missão com quem eu possa ir!". "Com ou sem Missão", disse ele, "apenas com o Senhor, você deve voltar à China".

Margaret Barber, em companhia da sua sobrinha, voltou à China. Ela retornou à cidade murada de Foochow, mas percebeu que não seria sábio viver dentro dos muros da cidade, por causa da Missão da qual ela fora obrigada a demitir-se. Por essa razão, procurou uma casa em Pagoda Anchorage, fora dos muros da cidade.

Na verdade, era onde ancoravam todos os barcos de chá, e ali eram carregados. Durante uma tempestade terrível ela viu, com horror, como um navio foi destruído. A ela pareceu que aquilo era uma figura dos acontecimentos que provocaram a sua demissão. Ela sentiu que a sua vida e ministério tinham ido a pique. A partir dessa experiência, escreveu um poema chamado "Naufragado".

"Completamente naufragado no coração de Jesus"
Somente almas "naufragadas" podem cantar assim;
Pequenos botes que se apegam à praia,
Temendo o que a tormenta possa trazer,
Nunca encontram o coração de Jesus,
Tudo aquilo que as almas "náufragas" chamam de descanso.
"Completamente naufragado!" é o nosso lamento;
Mas quando as tormentas fizerem o seu pior,
Então a alma, sobrevivendo a tudo,
Se vê nutrida em eternos braços;
Descobrindo ali que nada pode mover
Aquele que está refugiado nesse amor.
"Totalmente naufragado!" Para não mais ter
Nenhuma embarcação para navegar o mar;
É apenas um viajante, mas agora
Ancorado no infinito;
Sem nenhuma outra possibilidade a não ser
Desfazer-se do cuidado, e com simplicidade apegar-se.
"Totalmente naufragado!" Isso foi puro ganho,
De agora em diante outro barco pode ver
Que a tormenta pode ser uma bênção,
Que, embora rude seja o mar,
O próprio Deus está ali, vigilante,
Pois o "naufrágio" está em Sua mão.

Esse poema extraordinário, gerado entre a dor e a rejeição humanas, revela a profunda confiança de Margaret Barber no Senhor. Ela não apenas naufragou, mas "naufragou completamente *no coração de Jesus*". O que quer que lhe tenha acontecido, ela encontrou n'Ele o seu vencedor! Ela atravessou aquela experiência dolorosa "ancorada no infinito".

Por causa daquilo que tinha acontecido a ela e ao seu ministério, Margaret Barber sentiu que o Senhor a estava chamando à intercessão. Por isso, ela e a sua sobrinha dedicaram-se à oração de intercessão intensa e persistente em favor da China. Foi a experiência de ter naufragado e ter sido ferida pelas suas companheiras missionárias e outros crentes que conduziu tanto a ela quanto a sua sobrinha a esse ministério de intercessão. Ela se viu conduzida a isso por meio de circunstâncias que estavam totalmente fora da sua compreensão e do seu controle.

Elas oravam para que Deus levantasse na China um homem que fosse chinês, a quem o Senhor pudesse usar poderosamente. O ministério intenso e dedicado delas durou muitos anos. Em sua casa, em Pagoda Anchorage, na década de 1920, ela manteve um estudo bíblico para jovens rapazes chineses estudantes. Foram eles que lhe pediram que fizesse esses estudos bíblicos. Desse estudo participava um jovem rapaz chamado Watchman Nee, entre outros.

Por meio dele o Senhor estava para fazer uma imensa obra na China e além. Era um ministério que haveria de tocar o mundo todo. O Senhor gerou em Watchman Nee um dos ministérios verdadeiramente grandes na história da Igreja peregrina. Pelo seu ministério muitos milhares chegaram-se ao Senhor, e muitos milhares mais chegaram a um entendimento mais profundo da vida cristã, da Igreja e do eterno propósito de Deus.

O irmão Nee ficou preso por mais de um quarto de século e finalmente partiu para estar com o Senhor, depois de ser transferido de um campo de trabalhos forçados para outro. Watchman Nee sempre disse que Margaret Barber era a sua maior mentora e que a pessoa que mais lhe ensinara fora ela. A intercessão dessas duas irmãs tocou poderosamente o propósito de Deus para a China e para o mundo. Se "naufragar completamente no coração de Jesus" levou a resultados assim, bem que valeu a pena!

INTERCESSÃO INTENSA E PERSISTENTE EM FAVOR DO ORIENTE MÉDIO

Outra ilustração do poder da intercessão corporativa vemos na vida de Alexandra Liblik e de Kathleen Smythe. Eu tive o privilégio de conhecer essas duas guerreiras de oração. Elas trabalharam por vários anos com a Missão Geral Egípcia, no Egito. Era política da missão que seus obreiros precisavam aposentar-se quando chegassem à idade normal da aposentadoria. Contudo, essas duas irmãs sentiram que Deus as tinha chamado ao

Oriente Médio e ao Egito em particular, por isso sentiram que deveriam permanecer ali. Elas alugaram um apartamento na rua principal de Porto Said e continuaram seu ministério de intercessão.

Naquela época eu servia na Royal Air Force (Força Aérea Real) e ocupava o cargo de ajudante e secretário da capelania. Eu estivera muito doente, e os médicos da RAF me avisaram que eu teria de ficar em convalescença por determinado tempo. O problema é que eu não sabia onde ficar, pois não conhecia ninguém. A esposa do superintendente da Missão Geral Egípcia em Ismailia, Susan Hamill, me disse: "Eu sei qual é o melhor lugar para você ficar". Era a casa dessas duas idosas aposentadas da Missão, em Porto Said. Ela disse: "Você precisa tomar cuidado, porque é jovem, irreverente e arrogante, e essas duas irmãs são extremamente piedosas". Foi assim que conheci a tia Alex e a tia Kathleen!

Na primeira semana, é claro, elas não me deixaram participar das reuniões de oração delas. Eu precisava descansar! Contudo, fiquei cada vez mais curioso a respeito do que estava acontecendo com elas. Na hora do café da manhã, elas conversavam a respeito de uma carta que tinham recebido ou de Argel, ou de Bagdá, ou de Cartum, ou de alguma outra parte do Oriente Médio. As cartas diziam respeito a problemas ou situações que os santos enfrentavam nesses lugares. Às vezes, era um telefonema, mas a reação era sempre a mesma. A tia Kathleen dizia em voz alta, e eu conseguia ouvir do meu quarto:

"Alex, oração". Com isso, eu ouvia os passos delas indo pelo corredor, descendo até a sala de estar, e ouvia a porta se fechando. Por nada neste mundo eu podia imaginar o que estava acontecendo naquela sala. Às vezes, à noite, vinha outro telefonema, e eu ouvia a tia Kathleen dizer: "Sim, louvado seja o Senhor, nós obtivemos a vitória hoje ao meio-dia". É claro que elas oraram anos a fio a respeito de alguns assuntos antes que vissem a resposta; e alguns outros só foram respondidos depois que elas já tinham partido para o Senhor!

Eu tinha a impressão de que essas duas irmãs mantinham um "serviço de inteligência espiritual", uma espécie de "serviço secreto espiritual". Eu estava curiosíssimo, mas não tinha permissão de participar. Então certo dia elas leram uma carta na hora do café da manhã. Ela vinha da cidade egípcia de Damanur e falava de uma aterradora situação da Igreja ali. Havia chegado um ponto em que parecia iminente uma divisão. A tia Alex me perguntou: "Você gostaria de participar conosco da intercessão esta manhã?". Assumi meus melhores ares britânicos e respondi meio evasivo: "Ah, sim, acho que seria bom". É claro que eu estava morto de vontade de entrar naquela sala para ver o que estava acontecendo!

Eu não estava pronto para aquela reunião! Quando nós três entramos naquela sala, a tia Kathleen leu a carta em árabe e traduziu-a para mim. A tia Alex disse: "Você consegue entender essa situação terrível?". "Sim", repliquei, "acho que entendo, sim". Então ela disse: "Algum de vocês dois tem alguma Palavra das Escrituras para nós, da parte do Senhor?". A tia Kathleen disse que tinha: era do livro de Obadias; ela leu o texto em voz alta. Eu não sabia nem onde ficava o livro de Obadias, quanto mais como o texto poderia ter qualquer ligação com a situação em Damanur. Todos nós nos ajoelhamos. Para mim isso foi uma revelação. Elas nunca faziam orações longas, mas oravam alternadamente. Elas apegaram-se a esse versículo em Obadias, firmaram-se nele e declararam-no. Eu fiquei em estado de choque e mais silencioso do que jamais havia ficado. Então a tia Kathleen perguntou: "Você acha que já terminamos?". A tia Alex respondeu: "Não, eu acho que ainda temos de continuar mais um pouco". Dessa forma, continuamos. De repente, uma delas começou a louvar ao Senhor, e depois a outra; e por fim nós todos nos levantamos.

A única maneira que consigo descrever essa reunião de oração é que se assemelhava a dois marinheiros em um navio de guerra, manejando uma metralhadora, abrindo fogo contra uma aeronave inimiga até conseguirem por fim abatê-la. Elas precisaram identificar o inimigo e fazer pontaria antes que fosse destruído. Eu fiquei tão impressionado que precisei ir para o quarto e me deitar. Eu nunca tinha visto algo parecido! Naquela noite chegou um telefonema de Damanur dizendo que havia acontecido um milagre; os dois principais antagonistas tinham se quebrantado com lágrimas e tinham se arrependido. Isso resultou em um pequeno reavivamento. Esse foi o meu primeiro contato com a verdadeira intercessão.

Certa vez perguntei à tia Alex quantas pessoas ela tinha conduzido ao Senhor em todo o seu longo tempo de trabalho no Egito. Ela levantou a mão, mostrando os cinco dedos. Na minha maneira arrogante e irreverente (naquela época eu não passava de um adolescente), perguntei: "E vale a pena?". Ela disse: "Chegará o tempo em que haverá uma grande colheita entre os muçulmanos".

Esse dia já chegou. Há mais muçulmanos achegando-se ao Senhor do que em qualquer outra época, desde o início dessa religião no século sete. Isso se deve a pessoas como Alexandra Liblik e Kathleen Smythe, e muitos outros através dos séculos, que cumpriram um ministério insistente e perseverante entre os muçulmanos. Eles não viveram para ver o cumprimento da sua persistência, mas morreram na fé, e as suas obras certamente os seguirão!

Nesses casos, dois crentes intercederam, às vezes acompanhados de outros que se uniram a eles. A intercessão corporativa exige no mínimo dois crentes; ou, é claro, muitos mais.

DANIEL, O INTERCESSOR

Daniel é um exemplo extraordinário de um intercessor divinamente estabelecido. Ele é uma ilustração notável do tipo de caráter espiritual necessário, o preço que precisa ser pago e o propósito determinado e firme do coração, necessário para essa tarefa.

É interessante perceber, no Antigo Testamento, que em cada momento decisivo da história de Deus vemos intercessores — Abraão, Moisés, Samuel, Daniel, Neemias e Esdras. Seis grandes intercessores que, em comunhão com o Senhor, envolveram-se no cumprimento da Sua vontade para com o povo de Deus. Abraão foi usado para dar início ao povo de Deus; Moisés foi usado na criação da nação; Samuel foi usado na apresentação do reino; Daniel foi usado na volta dos judeus do exílio e na reconstrução da terra; Neemias foi usado na restauração de Jerusalém; Esdras foi usado na restauração da Palavra de Deus como a única autoridade para o povo de Deus.

Não houve nenhum intercessor maior do que Daniel. Mesmo que o reconheçamos como uma das vozes proféticas mais importantes da Bíblia, na ordem em que os judeus puseram os livros do Antigo Testamento ele se encontra na terceira divisão, nos Escritos. Os rabis (mestres) reconheciam que Daniel era um eminente intercessor e consideravam que um intercessor era superior até mesmo a um profeta.

A vida e o ministério de Daniel nos ensinam muito a respeito da intercessão. De certa forma, seu ministério de oração era pessoal e não corporativo. Contudo, teria sido estranho se ele não tivesse envolvido outros na intercessão, como, por exemplo, Sadraque, Mesaque e Abede-Nego. Apesar disso, aprendemos muito da própria experiência de Daniel a respeito dos princípios da intercessão autêntica.

COMO DANIEL TORNOU-SE UM INTERCESSOR

O crescimento de Daniel como intercessor talvez não fosse nunca percebido se não fosse a sua completa devoção e o seu comprometimento com Deus. Ele sofreu profundamente; foi transformado em eunuco pelos babilônios, a fim de poderem colocá-lo a serviço do governo. Somente os jovens exilados que vinham de famílias aristocráticas e mostravam desempenho excepcional podiam ser postos a serviço do governo babilônio. A sua fidelidade ao Senhor se expressou na sua resoluta recusa em contemporizar.

Ele se recusou até mesmo a comer qualquer coisa que não fosse *kosher*[3]; por isso poderia ter sido rebaixado e expulso. Em vez disso, o Senhor o favoreceu, e ele subiu de posto em posto, até ocupar a mais alta posição do império, abaixo apenas do imperador, e dessa forma pôde supervisionar o retorno dos judeus exilados à sua própria terra. Daniel começou a ser honrado no império babilônio e foi elevado de posição em posição. Depois, no império persa, que veio imediatamente depois do babilônio, ele chegou ao ápice do poder. Isso é evidência do tipo de vida e caráter que Daniel possuía; e um exemplo das palavras: "... aos que me honram, honrarei... (1 Sm 2.30b). O próprio Senhor planejou colocar um dos Seus servos, Daniel, em uma posição exaltada e poderosa

---

[3] Alimento autorizado pela lei judaica (N. do T.).

onde pudesse facilitar e assegurar o cumprimento da Sua vontade. Mesmo assim, isso exigiu o total comprometimento e a cooperação do vaso que Ele estava usando!

A DESCOBERTA CRUCIAL DE DANIEL

Aparentemente, Daniel já era um intercessor desde o início. Contudo, foi durante a leitura do livro de Jeremias que ele fez uma descoberta crucial e por meio dela ficou sabendo que o exílio duraria apenas setenta anos (veja Daniel 9.2). O ponto interessante é que ele não contou os setenta anos do cativeiro de Jerusalém a partir do rei Zedequias, o último rei de Judá, mas a partir do rei Jeoaquim. Somente o Espírito de Deus poderia ter revelado esse fato a Daniel. Quando ele fez os cálculos, percebeu que havia apenas mais alguns anos para que a profecia se cumprisse. Essa foi uma descoberta-chave, que conduziu à sua intercessão e à de outros crentes fiéis junto com ele.

A REAÇÃO DE DANIEL À SUA DESCOBERTA

A reação de Daniel foi significativa e estrategicamente importante para o propósito de Deus. Depois de descobrir que era a vontade de Deus que o terrível cativeiro e a desolação de Jerusalém acabassem dentro de alguns poucos anos, ele se propôs com determinação a interceder intensamente e com persistência. Talvez alguém pense que conhecer a vontade de Deus sobre o fim do cativeiro de Jerusalém e do povo judeu poderia tê-lo levado ao relaxamento. Afinal, quem pode se opor à vontade de Deus ou então ajudá-lO no cumprimento dela? Ela se cumprirá a despeito da oposição e do poder de Satanás e dos seus exércitos – quer oremos por isso, quer não!

De fato, em vez de relaxar e descansar na vontade revelada de Deus, Daniel entregou-se corajosamente à oração firme e decidida. Ele abriu a janela que dava para o lado de Jerusalém e da casa de Deus, que tinha sido destruída, e apoiou-se nas palavras proféticas do rei Salomão: "... e na terra aonde forem levados caírem em si, e se converterem, e na terra do seu cativeiro te suplicarem, dizendo: Pecamos, e perversamente procedemos, e cometemos iniquidade; e se converterem a ti de todo o seu coração e de toda a sua alma, na terra do seu cativeiro, para onde foram levados cativos, e orarem, voltados para a sua terra que deste a seus pais, para esta cidade que escolheste e para a casa que edifiquei ao teu nome, ouve tu dos céus, do lugar da tua habitação, a sua prece e a sua súplica e faze-lhes justiça; perdoa ao teu povo que houver pecado contra ti" (2 Cr 6.37-39). É significativo o fato de Daniel abrir a janela em direção a Jerusalém. Foi um ato físico, que expressava sua fé. A sua completa confiança na Palavra de Deus declarada por meio do rei

Salomão foi expressa de forma concreta quando ele abriu a janela. Ele estava obedecendo à Palavra de Deus: "... e orarem, voltados para a sua terra... para esta cidade... e para a casa...". Se agissem assim, o Senhor os ouviria e agiria em favor deles.

Em lugar de uma reação despreocupada, indiferente ao entendimento que o Espírito de Deus lhe dera, Daniel intercedeu com jejum, pano de saco e cinza. Com essa reação, até poderíamos desculpar qualquer pessoa que pensasse que ele *não* tivesse descoberto a vontade de Deus para o fim do cativeiro de Jerusalém. Quem dera fosse esse o tipo de oração que se manifestasse em meio ao juízo de Deus que está caindo sobre as nações; por exemplo, sobre os Estados Unidos, sobre a Grã-Bretanha e sobre as nações da União Europeia; e é claro em muitas outras nações! Em Daniel 9 encontramos um resumo do ministério de intercessão de Daniel. É evidente que as palavras proféticas do rei Salomão se tornaram o combustível da sua intercessão. Foi essa Palavra de Deus que ele usou como arma da sua guerra.

A CONSPIRAÇÃO DE SATANÁS PARA ACABAR COM DANIEL E COM A SUA INTERCESSÃO

Não é difícil menosprezar esse tipo de ministério de intercessão, considerando-o como algo que "passa dos limites" e como "extremado". Contudo, os poderes das trevas e do mal estremeceram com a intercessão de Daniel. Eles procuraram todo tipo de possibilidade de neutralizar e destruir a intercessão e o intercessor! O plano que finalmente tramaram está exposto no capítulo seis de Daniel. Se compararmos Daniel 5.31 com Daniel 9.1, descobrimos que a intercessão vital de Daniel e a cova dos leões ocorreram ao mesmo tempo. De tudo isso entendemos quão importante era a intercessão de Daniel naquela altura da história. Satanás precisava acabar com aquela intercessão.

O plano de Satanás, executado por meio dos comissários e dos sátrapas, era que o rei Dario estabelecesse um decreto real que não pudesse ser alterado: "... que todo homem que, por espaço de trinta dias, fizer petição a qualquer deus ou a qualquer homem e não a ti, ó rei, seja lançado na cova dos leões" (Dn 6.7b).

Satanás estava na ilusão de que a intercessão de Daniel parecia ter acabado e que se ele fosse tolo o suficiente para continuar intercedendo, os leões dariam cabo dele. Daniel, no entanto, reconheceu o decreto real como um plano para anular a sua intercessão e persistiu intercedendo, não fazendo caso do decreto. Seus inimigos aguardavam ansiosamente para ver se ele continuaria com a janela do seu quarto aberta para o lado de Jerusalém. Daniel persistiu na sua intercessão, com a janela aberta, e foi jogado na cova dos leões. Agora era um caso para o céu! O Senhor enviou um anjo para fechar a boca dos leões, e Daniel foi tirado da cova para continuar seu ministério de intercessão! Em vez de Daniel e sua intercessão serem destruídos, foram os seus inimigos que acabaram como comida dos leões. Daniel viveu o suficiente para ver o retorno acontecer – o começo da reconstrução da casa de Deus e de Jerusalém e o início da restauração da terra prometida.

O VALOR DA INTERCESSÃO DE DANIEL NA AVALIAÇÃO DE DEUS

O Senhor atribuiu um altíssimo valor ao ministério de intercessão de Daniel. O propósito de Deus dependeu inteiramente dele, mas mesmo Daniel não conseguia ver isso. Não é de admirar que, quando o arcanjo Gabriel foi até Daniel, ele tenha dito: "Daniel, agora, saí para fazer-te entender o sentido. No princípio das tuas súplicas, saiu a ordem, e eu vim, para to declarar, porque és mui amado" (Dn 9.22b-23a). O Senhor e os Seus anjos amavam grandemente a Daniel. Seu ministério de intercessão não se referia apenas ao retorno do povo judeu do exílio, à reconstrução da casa de Deus e de Jerusalém e à restauração da terra. Ele estava relacionado especialmente com a vinda do Messias e com a Sua obra.

Foi o arcanjo Gabriel que explicou a Daniel que o seu ministério de intercessão estava centrado na vinda do Messias, o Príncipe (veja Daniel 9.24-27). Daniel já havia interpretado o sonho do rei Nabucodonosor.

Ele tinha entendido que "a pedra que foi cortada da montanha sem o auxílio de mãos", que despedaçou toda a coluna de pedra, era o Rei Messias, Jesus. O Seu reino seria estabelecido por Deus e jamais teria fim (veja Daniel 2.44-45). Na visão que o próprio Daniel tivera a respeito dos quatro animais, "eis que vinha com as nuvens do céu um como o Filho do Homem, e dirigiu-se ao Ancião de Dias... Foi-lhe dado domínio, e glória, e o reino, para que os povos, nações e homens de todas as línguas o servissem (veja Daniel 7.13a-14a). Esse Filho do Homem era o Messias Jesus.

Afinal, se não ocorresse a volta dos judeus do exílio para a Terra Prometida, não teria havido a cidade de Belém onde o Messias pudesse nascer, de acordo com a palavra profética de Miqueias: "E tu, Belém-Efrata, pequena demais para figurar como grupo de milhares de Judá, de ti me sairá o que há de reinar em Israel, e cujas origens são desde os tempos antigos, desde os dias da eternidade" (Mq 5.2).

Também não teria existido a Galileia, nem Nazaré, nem Cafarnaum, onde Ele gastou 26 anos ou mais da Sua vida terrena de acordo com a profecia de Isaías: "Mas para a terra que estava aflita não continuará a obscuridade. Deus, nos primeiros tempos, tornou desprezível a terra de Zebulom e a terra de Naftali; mas, nos últimos, tornará glorioso o caminho do mar, além do Jordão, Galileia dos gentios. O povo que andava em trevas viu grande luz, e aos que viviam na região da sombra da morte, resplandeceu-lhes a luz" (Is 9.1-2). É interessante notar que a grande Via Maris, o caminho do mar, passava a poucos quilômetros ao sul de Nazaré e bem ao norte de Cafarnaum.

Além disso, não teria havido uma casa do Senhor à qual o Messias pudesse vir de repente, de acordo com Malaquias 3.1: "Eis que eu envio o meu mensageiro, que preparará o caminho diante de mim; de repente, virá ao seu templo o Senhor, a quem vós buscais, o Anjo da Aliança, a quem vós desejais; eis que ele vem, diz o SENHOR dos Exércitos". De fato, o povo judeu poderia ter sido absorvido, como tantos outros grupos étnicos o foram, e poderia ter desaparecido da face da Terra.

A vontade de Deus era inteiramente diferente, de acordo com o profeta Jeremias: "Se falharem estas leis fixas diante de mim, diz o SENHOR, deixará também a descendência de Israel de ser uma nação diante de mim para sempre. Assim diz o SENHOR: Se puderem ser medidos os céus lá em cima e sondados os fundamentos da terra cá embaixo, também eu rejeitarei toda a descendência de Israel, por tudo quanto fizeram, diz o SENHOR" (Jr 31.36-37). Muito da palavra profética de Deus teria ficado sem cumprimento se os judeus não tivessem retornado à terra prometida e reconstruído a terra e as suas cidades.

Não se pode superestimar o valor do ministério de intercessão de Daniel, porque por meio dele Deus lhe deu uma compreensão da história mundial e da restauração final de todas as coisas e o cumprimento do Seu eterno propósito. Deus lhe deu sabedoria específica para entender esses assuntos. Isso é verdade a respeito de todos os autênticos intercessores. São poucas as pessoas que têm ideia de como a sua intercessão está relacionada ao todo do propósito e do plano de Deus. O Espírito de Deus concede, por meio da intercessão, profundo entendimento a respeito da história mundial, a respeito de nações em particular e a respeito do propósito de Deus com a história da humanidade.

A NECESSIDADE DE UM ENTENDIMENTO CLARO DA VONTADE DE DEUS

Em Isaías 62 e em Daniel 9 aprendemos uma lição simples, mas importantíssima. Sem um entendimento claro da vontade de Deus não é possível haver intercessão; isso é uma necessidade fundamental. Na verdade, sem o conhecimento da Sua vontade para qualquer situação — internacional, nacional, local, familiar ou pessoal — nós apenas desperdiçaremos o nosso tempo "esmurrando o ar". Na oração normal podemos fazer petições a Deus, implorar e buscar uma resposta. Não temos clareza quanto ao que é a Sua vontade; por essa razão é um negócio mais ou menos "a esmo". Nós não estamos certos de como o Senhor agirá e de como responderá. Ele pode dizer: "Sim", "Não" ou então "Espere". Contudo, na intercessão um dos requisitos elementares e essenciais é conhecer a Sua vontade.

Sem esse conhecimento não podemos prosseguir; é esse conhecimento que nos traz a certeza da fé, que Ele de fato cumprirá a Sua vontade. Precisamos observar com muito cuidado a ordem do apóstolo Paulo: "... não vos torneis insensatos, mas procurai compreender qual a vontade do Senhor" (Ef 5.17).

Junto com a compreensão da Sua vontade em qualquer situação que enfrentamos, o Espírito Santo trará à nossa mente a Palavra de Deus sobre a qual poderemos nos firmar. Ela é a espada do Espírito e a arma da nossa guerra. Aprendemos isso de forma específica na intercessão de Daniel.

REQUER-SE TOTAL COMPROMETIMENTO COM O SENHOR JESUS

Nas orações ou petições, ou mesmo nas ações de graças, podemos até ser crentes não comprometidos. Podemos ser verdadeiramente salvos, mas centrados em nós mesmos, buscando autogratificação e vantagens próprias. Contudo, a intercessão requer nosso total comprometimento com o Senhor – espírito, alma e corpo. Ela demanda a rendição de nossa vontade à Sua vontade. O Senhor Jesus tem de ser Senhor de todo o nosso ser. Para ser um intercessor bem-sucedido é preciso ser cheio do Espírito Santo, porque é somente o Espírito que pode tornar o senhorio de Cristo uma realidade na vida de um crente. Isso é ilustrado de forma perfeita na vida e no ministério de Daniel.

Isso pode fazer com que muitos cristãos se amedrontem com a intercessão; talvez sintam que o custo é elevado demais! No entanto, é responsabilidade do próprio Senhor Jesus educar-nos e treinar-nos na intercessão. Ele requer de nós uma só coisa: um comprometimento inicial e total. Daí Ele começará o treinamento, a disciplina e a educação, que por fim produzirão um intercessor. Novamente aprendemos com Daniel; foi o seu firme comprometimento com o Senhor e a sua absoluta rendição a Ele que permitiram que o Espírito Santo fizesse dele um intercessor.

Há um antigo provérbio chinês que faremos bem em observar: "Uma jornada de mil quilômetros começa com o primeiro passo". Essa jornada finalmente acabará no trono de Deus! Não obstante, ela começa com o primeiro passo, e esse passo é necessário que o filho de Deus dê. Será que podemos aprender isso das seguintes palavras de nosso Senhor: "Serás uma *coroa de glória* na mão do SENHOR, um *diadema real* na mão do teu Deus" (Is 62.3 – ênfases acrescentadas)? Vale a pena destacar que nós não usaremos a coroa de glória ou o diadema real, mas *nós somos* a coroa e o diadema na mão de Deus, uma coroa de glória e um diadema real. Esse tipo de coroa ou diadema é usado na cabeça como emblema de autoridade e supremacia. É o próprio Deus que usará essa coroa! Não é a mesma coisa que o Senhor Jesus diz: "Ao vencedor, dar-lhe-ei sentar-se comigo no meu trono, assim como também eu venci e me sentei com meu Pai no seu trono" (Ap 3.21)?

O PODER DA INTERCESSÃO CORPORATIVA

A intercessão corporativa é a mais poderosa forma de intercessão, mas raramente é posta em prática. É extraordinário quando o Senhor reúne um grupo de crentes que Ele treinou e transformou em intercessores. As consequências desse tipo de intercessão corporativa podem impactar e afetar toda uma nação; elas podem até mesmo mudar o curso da história. Um exemplo, que já mencionamos, foi a Igreja Morávia e o seu incrível ministério de intercessão. Outro exemplo é o grupo de 120 cristãos, liderados por Rees Howells em Derwen Fawr, no sudoeste do País de Gales. O Senhor usou a intercessão deles para traçar e salvaguardar o curso da Segunda Guerra Mundial e para restaurar o Estado de Israel, entre outros assuntos.

Basta dizer que os poderes das trevas farão qualquer coisa para destruir a intercessão corporativa. Mesmo que muitos cristãos não estejam cientes da sua importância, as hostes satânicas compreendem muito bem a natureza vital e estratégica da intercessão corporativa. Para elas, esses grupos têm de ser neutralizados e destruídos, e usarão qualquer arma do seu arsenal para atingir esse alvo.

O quartel-general de Satanás treme diante da possibilidade da existência dos grupos de intercessão corporativa e diante da devastação que eles provocarão na rede satânica. Esses intercessores são estratégicos e essenciais para o cumprimento do propósito de Deus. O envolvimento na intercessão corporativa requer um genuíno comprometimento com o Senhor e um verdadeiro comprometimento de uns para com os outros no Senhor. Em qualquer grupo do povo de Deus, cheio de vida e fiel, deveria haver núcleos daqueles que entregaram a vida e apresentaram o corpo como sacrifício vivo a Deus. Só então começa a grande obra de qualificá-los para se tornarem intercessores. Isso vai custar-lhes tudo. É somente a educação, o treinamento e a disciplina do Espírito Santo que podem capacitar um filho de Deus a tornar-se parte da oração corporativa. Uma vez que Ele estabeleceu esse núcleo de intercessores, é impressionante ver como o Senhor adiciona outros a esse número inicial, mesmo aqueles que foram salvos há pouco tempo. É por meio dos mais idosos e pela maneira como eles intercedem que os mais jovens aprendem. A oração e a intercessão genuínas se assemelham a uma doença infecciosa! Ela não é ensinada, é adquirida!

O enorme perigo de um livro como este é muito real! Muitos o verão como um "método" de oração ou como a "metodologia" da intercessão. Outros o tomarão como um livro de "padrões" de oração – como "formar" grupos de oração corporativa. Na verdade, este livro foi escrito para ajudar aqueles grupos de oração corporativa que já estão experimentando a "guerra da oração" e a intercessão. Ele pode servir para podar as falsas ideias e os conceitos errados e nos fazer entender os princípios essenciais e vivos pelos quais é gerada a verdadeira intercessão. Contudo, o que precisamos de fato são pessoas que sabem como "guerrear a guerra" e como interceder de fato. Os outros crentes aprenderão, então, do exemplo deles.

Haverá ocasiões em que o Senhor, das mais maravilhosas formas, conduzirá a Igreja toda a um ministério de intercessão, e os mais jovens se beneficiarão com isso e se tornarão parte dessa intercessão. Dessa forma, os jovens crentes crescerão no Senhor e quase sem perceber aprenderão como orar e como interceder. Essas ocasiões não serão enfadonhas; elas podem ser bastante emocionantes! O Senhor Jesus conhece muito bem a batalha que existe nesse assunto da intercessão corporativa. Ele não nos deixa confusos no meio dessa guerra, mas torna acessíveis a nós a Sua graça e o Seu poder. Se abrirmos o coração ao encargo da intercessão que existe no Seu coração e permitirmos que Ele o reparta conosco, o Espírito Santo então exprimirá esse encargo em nosso espírito.

Isso pode, às vezes, envolver períodos longos e custosos de insistência e perseverança, mas sempre haverá resultado. Mesmo que não vivamos para ver o cumprimento desse trabalho, nós o veremos na eternidade. Essa jornada de fé acabará junto do trono de Deus e na Sua glória. O Senhor recompensa o intercessor pelo fato de ele ou ela estar tão perto do Seu coração. Um dia, quando ouvirmos a história toda, entenderemos como esse tipo de intercessão e esse tipo de comunhão com o Senhor Jesus estiveram no âmago da execução da Sua vontade nesta Terra decaída.

CONHEÇA OS ASSUNTOS DOS VOLUMES DESTA OBRA

Volume 1
1- Características da oração corporativa
2- Um princípio fundamental na oração corporativa
3- Maus hábitos que destroem a oração corporativa
4- A direção do Espírito

Volume 2
5- Vigiar e orar
6- A manifestação do Espírito
7- O lugar da Palavra na oração corporativa

Volume 3
8- Realizar a vontade de Deus na oração
9- Impedimentos à oração
10- O mistério da intercessão

Volume 4
11- O chamado à intercessão
12- O desafio e o custo da intercessão corporativa
13 - Algumas experiências de intercessão